RH et développement durable

Une autre vision de la performance

Éditions d'Organisation
1, rue Thénard
75240 Paris cedex 05

Consultez notre site :
www.editions-organisation.com

ISBN : 2-7081-3334-9

Bernard CALISTI, Francis KAROLEWICZ

RH et développement durable

Une autre vision de la performance

Éditions
d'Organisation

Sommaire

3
Une vision partagée

4
Des actions concrètes

Introduction

C'est une gageure de développer le concept de durabilité dans une société de l'éphémère, qui valorise un système économique accélérant la destruction des ressources. Dans ce système, chacun de nos actes a des répercussions sur l'environnement. Consommateurs et citoyens, nous jouons tous un rôle prépondérant.

L'entreprise est un acteur privilégié du développement économique, de la croissance et de la consommation. Elle est également un acteur privilégié du développement des individus, de la préservation de l'environnement et de l'avenir des générations futures. Son rôle est primordial. Son engagement à long terme est lié aux valeurs du fondateur et des dirigeants de l'entreprise.

En respectant son environnement, l'entreprise œuvre pour une planète plus propre et respectueuse des générations futures. Cela est essentiel mais pas suffisant. Si l'écologie environnementale est l'un des piliers du triptyque du développement durable, l'écologie économique et l'écologie sociale en sont les deux autres supports. Paradoxalement, le monde n'a jamais connu autant d'exclus que depuis l'émergence du concept de développement durable (DD). D'ailleurs, la mise en œuvre du développement durable au sein des entreprises est nettement plus orientée sur des problématiques environnementales que sociales et RH. Sans doute que les lois en vigueur incitent un peu plus à la responsabilité écologique que sociale. Pourtant les évolutions démographiques, économiques et politiques risquent de déstabiliser économiquement et humainement les entreprises. Dans ce contexte, il paraît urgent de se poser un certain nombre de questions :

L'entreprise a-t-elle vocation à durer ? Dans une économie de l'éphémère, sert-elle uniquement à créer de la valeur ponctuelle ? Sa capacité à développer de la performance sociale peut-elle accroître durablement sa performance économique ? Son rôle d'acteur social peut-il contribuer à développer un nouveau paradigme économique et social ? Peut-elle continuer à s'investir dans le développement durable sans y associer une réelle vision des ressources humaines ?

Le dilemme qui se pose aux dirigeants est de choisir entre l'anticipation de la gestion de crise ou la gestion de crise elle-même. Ceux qui feront le second choix ne seront pas forcément ceux qui devront l'assumer et le gérer.

Ce livre s'inscrit dans le champ de la responsabilité collective et individuelle et, par conséquent, dans la prévention des crises sociales prévisibles : celles de l'exclusion sociale, du vieillissement de la population active, de la carence et de l'obsolescence des compétences, de la mondialisation – autant de thèmes que nous proposons d'aborder avec un regard différent, celui du Développement des Ressources Humaines Durables.

Cette approche positionne les ressources humaines au cœur du développement durable. Que ce soit dans le domaine écologique, sociétal et économique, les décisions sont prises et mises en œuvre par des hommes. Il est donc essentiel de repositionner l'homme en tant qu'acteur et responsable de ses actes. Dans le cadre de l'entreprise, l'enjeu du développement durable est triple :

- accroître sa performance économique ;
- développer son efficacité environnementale ;
- favoriser le développement social.

Pour apporter un éclairage sur l'ensemble de ces questions, nous proposons un concept global : le Développement des Ressources Humaines Durables ou DRHD©[1]. Cette approche vise à améliorer

1. Marque déposée en 2002.

la compétitivité de l'entreprise par le développement de sa performance sociale et par sa capacité à apprendre rapidement. Cette démarche mobilise l'ensemble des acteurs autour d'une vision plus forte et structurée du développement du potentiel humain, et du rôle de chacun dans son devenir professionnel et personnel.

Le DRHD allie le court et le moyen termes, l'économique et l'humain, l'individuel et le collectif, le développement personnel et professionnel, la rentabilité et le partage, le sens et la cohérence.

C'est donc avant tout une culture du « et » – celle de la reliance –, et non une culture du « ou » – celle de l'opposition. C'est un changement de paradigme. C'est un modèle qui privilégie les personnes au sein de l'organisation, les valeurs partagées, les engagements vis-à-vis de l'environnement, tout en cherchant à optimiser l'efficacité économique.

Ce modèle propose une forme de contre-culture sur le plan économique, un mouvement entrepreneurial alternatif, qui rejoint, à l'échelle mondiale, l'essor du développement durable au sein de l'ensemble de la société humaine.

L'alternative présentée ne se veut ni dogmatique ni manichéenne. Elle prend en compte une vision à long terme (durable). Elle s'appuie sur une nouvelle définition du progrès (développement). Si les questions qu'elle soulève se posent à la société, elles trouvent aussi un puissant écho au niveau des entreprises et des managers. Quelle sera la place de l'humanité (au sens large : hommes et femmes et valeurs humaines) dans les « organisations concurrentielles » ? Quelles seront les contributions des entreprises et des organisations à ces transformations prévisibles et à la constitution de ce nouvel équilibre ?

Le Développement des Ressources Humaines Durables est le point d'entrée de cette réflexion à l'échelle microéconomique. Si tout le monde s'accorde sur la théorie et l'intérêt du concept, rares sont les entreprises à avoir mis en œuvre une vraie politique durable de ressources humaines. Pour illustrer comment les entreprises investissent à leur manière le champ social et RH du développement durable, nous présenterons tout au long de cet ouvrage des exemples concrets de réalisation.

Nous découvrirons que la réussite d'une telle démarche ne dépend pas seulement de la volonté du dirigeant d'entreprise. Elle est liée à la détermination de toutes les parties prenantes – notamment des partenaires sociaux et des salariés – à s'engager dans des transactions gagnant-gagnant. Nous vérifierons aussi l'importance de la cohérence entre l'ensemble des dispositifs RH et le mode organisationnel de l'entreprise.

Utopie pour certains, nécessité pour d'autres, le débat est ouvert. À chacun d'y trouver ses réponses.

1

Un défi majeur

Pour un certain nombre d'entreprises, l'engagement dans le développement durable est avant tout l'opportunité de transformer des obligations environnementales en outil de communication externe, et de se faire référencer par les fonds éthiques. Pour d'autres, il s'agit d'une continuité du concept de l'entreprise citoyenne. Enfin, il existe des entreprises qui ont compris l'enjeu du développement durable pour l'avenir : elles tentent de mettre en place une véritable politique DRHD, à travers le développement d'un management social visant à une performance sociale et économique.

Bien entendu, la plupart des entreprises vont revendiquer ce dernier positionnement. Il nous appartiendra, tout au long de cet ouvrage, de préciser comment les différences se marquent. Il nous appartiendra aussi de montrer en quoi le choix affirmé d'une politique socialement responsable est compatible avec celui d'une culture de l'efficacité. Le DRHD peut contribuer à la construction d'avantages concurrentiels.

Toutefois, avant de poursuivre, nous allons préciser le sens que nous donnons aux termes utilisés, même si leur définition est loin d'être exhaustive.

1.1 De quoi parle-t-on ?

« Durable » est la traduction française de l'anglais *sustainable,* qui signifie « soutenir, maintenir ». En 1987, dans le rapport Brutland, la Commission mondiale des Nations unies traduit la notion de durabilité de la façon suivante : « Préserver la capacité de régénération, [...] ce qui reste en harmonie avec l'environnement [...] ce qui renforce le potentiel actuel et futur de l'humanité ». Cette notion de durabilité, combinée à celle de développement, veut relier progrès social, efficacité écologique et performance économique.

Le développement durable permet de répondre aux besoins du présent, sans compromettre la capacité des générations futures à répondre à leurs propres besoins.

Le Développement des Ressources Humaines Durables (DRHD) associe ressources humaines et développement durable. Nous traiterons plus spécifiquement des ressources humaines au niveau interne de l'entreprise. Quant à la question de la durabilité des liens de l'entreprise avec ses ressources externes – clients, fournisseurs, actionnaires, citoyens... –, elle fait partie d'une approche plus globale de la relation avec ses parties prenantes. Quel sens peut-on alors donner au DRHD ? Implique-t-il des ressources humaines fidélisées ? une volonté de pérenniser l'entreprise ?

Pour un certain nombre de responsables des ressources humaines de grandes entreprises, la notion DRHD ne doit pas être forcément associée à la pérennité de l'entreprise. En effet, selon les secteurs d'activité et le type d'actionnariat, l'entreprise ayant un cycle de vie de plus en plus court n'a plus vocation à devenir centenaire.

L'objectif du DRHD est donc de développer la performance de l'entreprise et sa responsabilité sociale, en tenant compte de l'environnement écologique et sociétal, afin de préserver les générations à venir.

L'enjeu du DRHD est de soutenir l'emploi, de préserver, d'actualiser et de développer les compétences dans la durée. Il valorise le potentiel humain, le capital immatériel. Il prône la responsabilité individuelle comme base de la responsabilité collective.

L'expression DRHD a été conçue pour soutenir des valeurs, des idées et des pratiques. Sa définition n'est pas universelle. Elle doit servir de réflexion au développement d'une vision partagée et unique au sein de chaque entreprise. Le choix des actions concrètes mises en œuvre dépendra de la taille de l'entreprise, de son secteur d'activité et de sa culture RH. Nous invitons le lecteur à répondre aux questions suivantes et à enrichir ses réponses après la lecture du livre.

Quelle est, selon vous, la nature du DRHD ? Comment le décrire ? À quoi ressemble-t-il dans l'entreprise ? Comment reconnaître une entreprise qui pratique le DRHD ?

Quelles fonctions vous semblent remplir le DRHD ? Quel est son rôle dans l'entreprise ? À quoi sert-il ?

Quel statut lui donnez-vous ? Quelles sont ses limites ? ses contraintes ?

À ces questions, il y aura sans doute autant de réponses différentes que de lecteurs. L'essentiel est de se les poser sans se laisser imposer une seule réponse mais en faisant émerger sa propre vision pour ensuite la partager autour de soi.

1.2 Les enjeux pour l'homme, l'entreprise et la société

De manière générale, et dans une perspective historique, le développement durable (DD) a d'abord été une question de société. Un problème soulevé et mis en forme par les États – le fer de lance de ce mouvement se situant dans le giron des pays les plus développés.

Parallèlement aux différentes prises de position des États en faveur du DD, nombre d'entreprises sont concernées. La dimension sociale ou sociétale du problème touche dès lors les individus en position de managers. La voie s'ouvre alors pour développer un volet ressources humaines dans la préoccupation d'ensemble du DD.

La responsabilité sociale des entreprises (au sens du DRH) vient s'associer aux visées sociétales pour des entreprises équitables.

La responsabilité sociétale des entreprises a pour enjeu de rendre compatibles leurs objectifs économiques avec les objectifs du développement durable, et ce sous trois aspects : financier, social et environnemental.

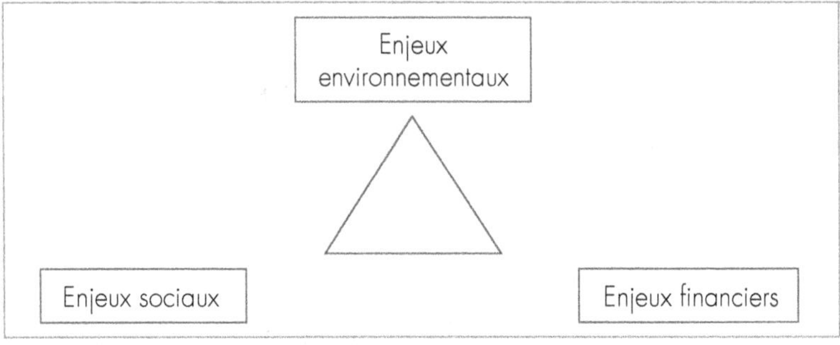

Le triptyque du DD

Il serait bien entendu paradoxal de ne considérer le triptyque du développement durable que comme un simple lien entre trois enjeux indépendants.

En fait, préoccupations sociales, environnementales et financières sont intrinsèquement liées dans un réseau d'interactions très dense. D'où la difficulté à trouver des solutions rapides ou simples aux questions soulevées.

Que le DRH d'une entreprise ignore les différents accords internationaux associés au développement durable, ou se sente peu concerné, est concevable. Son intérêt, en tant que responsable opérationnel, se situe rarement à ce niveau.

En revanche, dans la pratique de son métier, il sera bien inspiré de tenir compte des cadres législatifs qui se mettent en place et concernent directement les entreprises. Il en est ainsi tant au niveau national strict qu'au niveau de la « nation européenne ».

Il ne s'agit pas pour autant de subir la législation, ni de traîner les pieds pour prendre des mesures de développement durable. Les initiatives institutionnelles à l'échelon des gouvernements mettent en place des repères.

Un DRH progressiste doit être conscient de ces jalonnements du futur. S'il n'a qu'une vision parcellaire, voire nulle, des réflexions du Club de Rome de 1968, du rapport Brundtland de 1987, ou de la déclaration de Rio de 1992, ce n'est pas si grave. Qu'il ne connaisse pas le protocole de Kyoto de 1997 ou « l'Agenda 21 » n'est pas non plus essentiel. Toutefois, un DRH conscient de l'importance du concept de développement durable ne peut ignorer l'enjeu du DRHD.

Si au niveau des collectivités locales, au niveau de l'État français et au niveau européen, rien de bien novateur n'encadre l'engagement des entreprises pour le développement durable, il n'en demeure pas moins que les conséquences de ce grand mouvement civique international ne sont pas nulles en matière de sensibilisation des entreprises.

L'Agenda 21 donnait le ton, dès 1992, en demandant aux agents économiques d'intégrer la notion de « produire plus avec moins ». Le MEDEF reconnaît par ailleurs que « les responsabilités de l'entrepreneur sortent aujourd'hui des limites traditionnelles de l'entreprise ». Sur le plan du développement durable, c'est un fait : l'entreprise est au cœur du processus. L'enjeu économique est devenu l'enjeu central des sociétés contemporaines. De nos jours, l'entreprise et son chef ont, historiquement, le rôle le plus sensible vis-à-vis du futur.

La responsabilité des managers est à la hauteur de ces défis. Le DRH, quelle que soit l'organisation, a le devoir de travailler à une meilleure compréhension de ces questions, et à des propositions d'actions associées, d'autant que l'entreprise fait régulièrement l'objet de critiques de la part de citoyens qui s'interrogent sur les visées des dirigeants. Les exemples frauduleux ne manquent pas.

1.2.1 Un contexte qui exacerbe les enjeux

Les événements dont la société Enron, aux États-Unis, est devenue le malheureux symbole renforcent la pression pour une plus grande transparence dans les entreprises. Sous forme de consensus, les citoyens du monde refusent que la recherche individuelle de profit annihile toute éthique de management. Ce qui passait pour de la créativité dans le domaine de l'ingénierie financière ressemble davantage à des pratiques condamnables. Pourtant les entreprises concernées ne manquaient ni de code déontologique ni de responsables en charge d'éthique ou de bonne conduite.

Pour nous, la priorité n'est pas d'exiger une transparence financière, devenue utopique. L'essentiel est d'établir clairement la responsabilité des dirigeants, en particulier lorsque des résultats désastreux accompagnent des rémunérations exceptionnellement élevées : « salaire de base », bonus, stock-options ou autres « golden parachutes ».

Malgré ses limites, un cadre de référence se met peu à peu en place sur la base de normes, de bonnes pratiques et de contraintes légales.

Il sert d'arrière-plan à toutes les pratiques de DD, notamment en matière de RH.

1.2.2 Normalisation et référentiels

Actuellement, la plupart des entreprises en viennent au développement durable par deux voies principales :

- La prise de conscience d'enjeux environnementaux majeurs : la porte d'entrée « écologique ».
- La mise en avant de la dimension humaine de l'entreprise : la porte d'entrée « sociale ».

Ces deux préoccupations ont tendance à converger pour donner naissance à de nouvelles combinaisons de valeurs dans l'entreprise. La préoccupation DRHD résulte de ces mouvements.

Peu à peu, d'ailleurs, normes et référentiels se construisent et sédimentent pour intégrer les nouvelles tendances. SA 8000 (Responsabilité sociale 8000), OHSAS (Systèmes de management de la santé et de la sécurité au travail) 18001 et autres référentiels de management viennent en complément et contrepoint des classiques normes ISO.

Chaque certification prend en compte les salariés, partie prenante incontournable, et apporte sa pierre à l'édifice du DRHD.

Ainsi, plusieurs chapitres de la norme ISO 9004 tiennent compte des attentes légitimes des collaborateurs dans une démarche DRHD :

- Gestion du changement.
- Motivation, engagement, implication.
- Formation à l'impact sur la collectivité.
- Plans de prévention.
- Sécurité des installations.
- Réduction des risques environnementaux liés aux infrastructures.

Si la perspective d'une certification peut contribuer à ancrer les pratiques de DRHD dans l'entreprise, la certification n'est pas en elle-même une condition nécessaire.

Si c'était le cas, nombre d'entreprises militantes, mais de petite taille, seraient exclues du processus. Or, les PME et PMI sont concernées au premier chef par le DRHD. Ce sont les plus nombreuses. L'effet de masse ne peut venir que d'elles. Par ailleurs, c'est dans ce type d'entreprises que les effets structurants du DRHD peuvent être les plus sensibles. Même s'ils s'avèrent moins formalisés et ne passent pas par l'appui d'un DRH en tant que tel.

1.3 De la performance économique à la performance sociale

Le développement durable associe trois types d'objectifs complémentaires :

- Efficacité économique.
- Équité sociale.
- Préservation de l'environnement.

Cette combinaison nouvelle est en elle-même un défi. En effet, dans un contexte où la finalité économique est prééminente, comment rendre compatibles performance économique, respect de l'environnement et valeurs humaines dans l'entreprise ? Le DRH est d'ores et déjà au centre de ce challenge. Il est porteur des valeurs du développement durable sur le plan de la politique sociale et du respect de l'environnement. Il milite en faveur de la préservation de l'environnement naturel de l'entreprise, et fait un travail pédagogique en interne pour rendre l'environnement « artificiel » propice au développement durable. L'environnement de l'entreprise est de moins en moins « naturel », de plus en plus technique. Les espaces verts ont un impact de plus en plus relatif face à l'importance croissante des espaces techniques. Les réseaux de tous ordres, la gestion des énergies et des nouveaux matériaux créent une sorte de « seconde nature » dans l'environnement de l'entreprise. Cet environnement, largement créé par les besoins mêmes de l'entreprise, et de plus en plus intégré, rend la notion de responsabilité d'autant plus valide. Enfin, la garantie de compétitivité nous semble conditionner l'avenir de la notion de DD dans les organisations. Le DRH sera d'autant plus crédible qu'il arrive à démontrer que la pratique du développement durable n'érode pas la compétitivité de l'entreprise. Que dire s'il arrivait même à déduire de cette démarche un supplément d'efficacité ? Nous chercherons à montrer sur ce plan en quoi le DD peut être créateur de valeur.

Le problème de fond n'est donc plus tant de passer de la performance économique à la performance sociale, mais de passer de la performance à la performance durable. Ainsi, les fonctionnements fondés sur les mouvements spéculatifs sont également remis en question. L'environnement des entreprises est de plus en plus marqué par des pièges divers que sont les bulles financières, les bulles immobilières, les bulles spéculatives de tous ordres. Locales ou exotiques – souvenons-nous de l'éclatement de la bulle asiatique de la fin des années quatre-vingt-dix – ce sont des tentations permanentes d'inflexions de la stratégie. Ces mouvements effrénés, souvent à très court terme, nous paraissent à l'exact opposé d'une démarche durable.

Nous en tirons une première conclusion : la performance économique ne signifie pas forcément une performance financière à court terme. Nous savons d'ailleurs que la création de valeur d'une organisation ne se traduit pas toujours par des résultats financiers immédiatement significatifs. Ironiquement, le fantasme de la « nouvelle économie » s'est bâti sur ce constat. Ce sont les entreprises qui perdaient le plus d'argent à court terme (*burn out*) qui faisaient figure d'eldorado.

Dans une perspective de développement durable, la notion de performance ne peut être fondamentalement séparée de celle de responsabilité. Cette responsabilité porte sur la dimension qualitative du développement. En effet, en Europe occidentale, le développement pour le développement n'est pas un thème motivant. Il lui faut du sens. Préciser le sens de l'action et du développement est donc la pierre angulaire d'une politique de performance durable. Les exemples d'initiatives d'entreprises qui vont dans cette direction ne manquent pas. Dans le domaine immobilier, la société Partouche, constructeur lyonnais, a compris l'importance d'un engagement responsable et à long terme, non seulement vis-à-vis des salariés, mais également des clients. Ces métiers ont un impact si fort sur la vie des gens que la responsabilité vis-à-vis des acheteurs est considérable. Un logement représente souvent l'investissement de toute une vie, ou du moins un effort sur vingt ou trente ans. Pour une famille, il est symbole de réussite ou d'échec. Dans ce contexte, construire en respectant une HQE (Haute qualité environnementale), et plus généralement les personnes elles-mêmes, devient un acte de responsabilité. Ce respect à l'égard des individus qui engagent une grande partie de leur vie dans un projet conduit à l'efficacité économique : 50 % des clients des résidences Prestige (Partouche) viennent sans publicité. Ainsi donc, dans un secteur qui paraît très traditionnel pour la majorité des gens, le développement durable fait son chemin.

Cette prise de conscience concerne au premier chef le management des ressources humaines. Comment un DRH peut-il défendre autrement qu'en faisant appel à des exemples concrets le principe d'une création de valeur au travers du DD ? – que d'aucuns qualifient de création de valeur durable.

À ce stade, une série de constats s'impose.

Une écrasante majorité de managers, au premier rang desquels les DRH, serait soulagée de savoir que le DD n'est pas qu'un vœu pieu, ni un simple espoir d'une organisation qui se veut citoyenne ! Il n'est pas non plus synonyme de coûts supplémentaires et de perte de compétitivité ! Ce que beaucoup craignent. Le DD est très concrètement un facteur de croissance.

Le DD ne se généralisera que dans deux hypothèses : sous la pression des événements ou bien parce qu'il aura prouvé sa validité économique. Si la première hypothèse l'emporte, nous avons du souci à nous faire. Il faudra attendre des niveaux de contrainte insupportables sur nos environnements pour que les actions se déclenchent selon des scénarios de rupture : mesures légales très coercitives, violences de tous ordres d'organisations exaspérées, dégringolade des entreprises les plus exposées. L'activation de la seconde hypothèse est donc un enjeu majeur.

Dans un environnement économique où le profit est l'élément clé d'évaluation, le développement durable peut-il prouver son efficacité économique ? Quel rôle les DRH peuvent-ils jouer dans cette démonstration ?

Compte tenu du niveau des enjeux, une politique de DD dans une entreprise ne peut avoir de sens et d'avenir sans un engagement militant de la direction. Un simple accord de principe ne suffit pas. L'engagement actif de ceux qui ont la charge de la stratégie dans l'organisation est nécessaire, et il est la première condition de l'efficacité économique du développement durable. Le DRH sera-t-il le champion de cet enjeu considérable ?

Essayons donc de valider la réalité de l'avantage concurrentiel apporté par une politique de DD, notamment par la politique d'entreprise déployée dans le domaine des RH. Une entreprise n'a pas de finalité intrinsèque ! C'est un objet social. Cependant, les acteurs de cette « personne morale » en attendent du profit, un leadership. Le rôle du DD est de donner un sens à leur action. Le développement durable générerait donc un premier bénéfice à l'échelle RH : celui de fédérer autour d'un objectif commun – construire un avenir meilleur que le présent.

Pour l'heure, la prise en compte du DD dans les entreprises se heurte à un obstacle concret : l'écart de tempo entre les contraintes qui pèsent sur l'environnement et sur l'horizon économique d'une entreprise. En effet, la plupart des entreprises se préoccupent principalement de leurs plans annuels et triennaux. Or, pour prendre en compte le paramètre de l'environnement dans les organisations, il faut miser sur le long terme, voire le très long. On parle de dizaines d'années, de l'horizon 2040… La focale n'est donc pas la même et c'est un vrai frein.

Associée au long terme, la notion de qualitatif ne rassure pas sur l'efficacité économique du DD. Les conséquences financières de l'investissement dans le développement durable seraient tangibles et immédiates : dépenses de formation, coût des procédures, surcoût des achats… Par opposition, les bénéfices attendus du DD seraient qualitatifs et différés : image de marque, notations financières, économies futures d'énergie… En résumé, le compte d'exploitation serait négativement impacté tout de suite, et significativement, pour un « mieux » futur et supposé. Nous nous inscrivons en faux contre cette opinion, qui revient à nier la dynamique inhérente à une organisation. La vie d'une entreprise ne se résume pas à une série de clichés indépendants. Une entreprise se caractérise également par des liens, notamment, le lien fondamental entre ce qu'elle génère (pour le futur) et ce qu'elle est (maintenant).

Ainsi en va-t-il de la performance. La formation d'un collaborateur à une langue étrangère ne doit pas s'analyser comme une dépense immédiate dont la contrepartie viendra à terme, dans le meilleur des cas. Il faut voir dans cette formation la continuation d'un processus où la contribution de valeur générée par la personne en formation est déjà présente dans les résultats passés. L'investissement considéré vient donc amplifier la création de valeur déjà en marche. La compétence supplémentaire va conforter les performances dans le travail du collaborateur et permettre les futurs investissements.

Nous voyons donc que l'opposition n'est plus entre long terme et court terme, ni entre intangibilité et résultats quantitatifs. La question centrale renvoie à la pertinence du manager : ses décisions d'allocation de ressources sont-elles pertinentes ? Les efforts portent-ils sur les bonnes personnes ? les bons sujets ? au bon moment ?

Tout manager, en particulier un DRH chargé du développement durable, montrera la pertinence de ses actions en combinant, entre autres, souci d'efficacité et limitation des moyens. Il ne s'agit pas de réduire la performance à un avatar d'efficience, mais plutôt d'une prise de conscience, et d'un engagement pour des principes de gestion économe du développement.

En effet, agir de façon durable, quel que soit le domaine, devrait empêcher de ne se soucier que de pourcentages ! Baisser le *turnover* ou augmenter le pourcentage de femmes dans l'encadrement n'est pas un indicateur suffisant. La performance au travers d'une gestion économe implique aussi de réduire les nuisances à néant. Pour ce faire, seule une action sur les volumes peut avoir un sens. En matière de DRHD, cette prise de position se traduira par une tolérance zéro vis-à-vis de tout gaspillage de RH : absence d'écoute des collaborateurs, absence d'exigence à leur égard, contrôles inappropriés, structures pléthoriques, zèle mal placé...

Le DRH préoccupé de DRHD prendra également en compte les évolutions sociologiques qui ont transformé les organisations. Ainsi, dans les pays développés, le travail est-il de plus en plus lié à des prestations intellectuelles. Ces contributions s'accordent mal avec une vision productiviste de l'entreprise. La valeur n'est plus qu'imparfaitement déterminée par le ratio suivant : volume produit/travail utilisé.

Comment forcer un cadre opérationnel à la productivité ? L'efficacité durable dans les entreprises contemporaines est liée à la perception du sens de l'action. Cette réflexion ne doit pas conduire à l'excès inverse : considérer que la performance d'une organisation peut provenir des seuls investissements qualitatifs. Inutile, en effet, de renier l'importance du très traditionnel rapport qualité/prix, qui évolue à l'intérieur de limites.

Comme tout investissement, l'investissement RH sera considéré sous deux angles : celui du strict apport de contribution quantitative au développement et celui d'apport social qualitatif.

Une spécificité du développement de RH sera néanmoins soulignée dans le DRHD : l'intensité du développement qualitatif conditionne la performance globale.

1.4 La responsabilité sociale de l'entreprise

Avant d'aborder la notion de responsabilité sociale de l'entreprise, il convient de revenir sur le terme même de responsabilité, qui est au cœur de la réflexion sociétale et politique. Selon les cultures, la notion de responsabilité revêt différentes formes, parmi lesquelles celle de l'autorité, du devoir et de la liberté individuelle.

Dans la culture occidentale, c'est la religion chrétienne qui affirmera le devoir de responsabilité, non seulement sur le plan affectif mais aussi économique. À la différence des cultures asiatiques, le précepte de responsabilité est davantage lié à la notion de culpabilité, héritée de notre culture judéo-chrétienne, qu'à l'idée de devoir. À partir du XIXe siècle, le courant déterministe s'oppose à la notion de responsabilité individuelle, en suggérant que dès la naissance le destin de l'homme est prédéterminé par sa classe sociale et/ou ses pulsions archaïques. Freud et Marx, entre autres, ont la conviction que l'homme n'a pas vraiment la liberté de devenir responsable de sa vie et de ses actes. Il a fallu le courant existentiel pour renouer avec la notion de responsabilité individuelle, et affirmer que l'homme est libre, qu'il n'est pas déterminé. C'est à lui de décider par lui-même de ses actes et de respecter les valeurs qui lui sont propres.

L'existentialisme est une philosophie de l'action, qui souligne que chacun, à travers ses actes, affirme des valeurs qui vont avoir un impact sur le collectif.

Prendre en charge la responsabilité de son être nécessite du courage et de la persévérance.

Car être le sujet de sa propre existence comme le propose l'existentialisme sartrien, suppose de ne plus utiliser des alibis comme « mes parents sont la cause de ce que je suis devenu, mon environnement social m'a conditionné à être ceci ».

Dans cette nouvelle optique, l'individu ne peut plus rendre les autres – la société, l'environnement – responsable de ce qu'il est.

Déjà à son époque, Frédéric Bastiat[1], homme politique et humaniste, écrivait : « La responsabilité, mais c'est tout pour l'homme : c'est son moteur, son professeur, son rémunérateur et son vengeur. Sans elle, l'homme n'a plus de libre arbitre, il n'est plus perfectible,

1. Frédéric Bastiat, né à Bayonne en 1801 et mort à Rome en 1850. Économiste, philosophe, humaniste et homme politique, il préconisa le retrait de l'État dans les activités pour lesquelles il était peu efficace. Il milita également pour l'engagement des femmes dans la vie politique.

il n'est plus moral, il n'apprend rien, il n'est rien. Il tombe dans l'inertie et ne compte plus que comme une unité dans un troupeau. »

Malgré la force de ce concept qui affirme la liberté de l'homme, nous vivons dans des sociétés où la victimisation et la non-responsabilité sont encouragées, tant au niveau individuel que collectif.

L'actualité des entreprises et son cortège d'affaires – Enron, Vivendi, Elf, Crédit Lyonnais, Alstom –, la dérive internet et bien d'autres scandales financiers nous rappellent que l'exercice de la responsabilité est chose délicate. Nos concitoyens sont, eux aussi, confrontés à l'exercice de la responsabilité collective face aux grands problèmes actuels de notre société : emploi, santé, retraite, environnement. Être responsable de soi, c'est assurer et assumer ses actes. Pour le moment, nous constatons que les manquements à ces principes de responsabilité font porter aux générations futures le poids des actes présents. Certains organismes internationaux en prennent conscience et défendent un nouvel ordre économique : une planète propre, un développement durable qui préserve les générations futures.

Ce concept de Responsabilité Sociale des Entreprises (RSE) se développe sous l'impulsion d'organisations internationales. En 1995, Jacques Delors publie les conclusions d'un groupe de travail de chefs d'entreprises européens sur l'exclusion sociale.

La RSE est la réponse trouvée pour inciter les entreprises à élargir leur responsabilité, jusque-là principalement orientée à générer du profit pour les actionnaires. Cela signifie qu'une entreprise ne doit pas uniquement se préoccuper de sa rentabilité et de sa croissance, mais aussi de ses impacts environnementaux et sociaux. Elle doit tenir davantage compte de ses parties prenantes : salariés, actionnaires, clients, fournisseurs et société civile.

Mettre en avant la responsabilité des entreprises, c'est suggérer qu'elles ne l'assument pas réellement. Où commence et où s'arrête la responsabilité ? Peut-on être responsable sans une réelle coresponsabilité de tous les acteurs ? La responsabilité est-elle un acte qui se commande, qui se contraint ? Si oui, l'exercice de la responsabilité n'est plus un acte libre, ni responsable, il se transforme en acte forcé.

Pour inciter les entreprises à la développer, les experts soulignent les aspects positifs de la RSE : elle permet une meilleure compétitivité sur le long terme ; elle constitue une source d'innovation, ouvre de nouvelles opportunités commerciales et peut favoriser une meilleure cohésion sociale. En résumé : soyez responsable et vous serez encore plus performant. L'acte de responsabilité devient un acte économique avant d'être un acte responsable et citoyen, et ça n'a pas toujours été le cas.

Bien avant les fonds éthiques et l'évaluation des entreprises sur ISR (Investissement Socialement Responsable), de nombreuses entreprises se sont développées en intégrant les principes mêmes de la Responsabilité Sociale de l'Entreprise.

Déjà, à la fin du XIXe siècle, la création des entreprises mutualistes répondait à un besoin sociétal de partage et d'innovation sociale. La plupart défendaient des valeurs de liberté, responsabilité, solidarité et démocratie. Au début du XXe siècle, certaines grandes entreprises des secteurs de l'automobile, de la distribution ou du charbonnage ont œuvré pour offrir à leurs salariés de meilleures conditions de vie – logement, vacances, mutuelles… À cette époque, la préoccupation de ces entreprises était plus spécifiquement orientée vers les salariés que vers l'écologie. Il s'agissait déjà d'une forme de DRHD. « Paternalisme » était le terme usuel pour décrire ce mode de management social.

Plus récemment, l'entreprise Ben & Jerry's, spécialiste des crèmes glacées, est reconnue pour ses pratiques sociales. Elle ouvre son actionnariat au plus grand nombre, et redistribue une partie de ses résultats bruts pour venir en aide aux plus défavorisés.

Depuis plus de trente ans, c'est plutôt l'écologie qui sensibilise davantage les entreprises. The Body Shop, créée en 1976, fut une entreprise pionnière : ses produits cosmétiques sont uniquement à base de composants naturels ; elle pratique le commerce équitable et se bat contre les tests sur les animaux. Dans un autre domaine, Nature & Découvertes est fondée en 1990 avec l'ambition de faire connaître la nature aux urbains, et de la faire respecter. Son succès quasi immédiat révèle le désir d'une meilleure compréhension de la nature.

À l'évocation de ces entreprises, nous pouvons risquer plusieurs constats :

- Elles figurent parmi les précurseurs dans le domaine de l'innovation sociale et de la défense de l'environnement, avant même la mise en place de lois sociales et environnementales.
- La plupart d'entre elles ont choisi un seul axe d'investissement socialement responsable.
- Dans nombre de cas, ce sont les fondateurs de ces entreprises qui sont les porteurs de valeurs humanistes et écologiques.
- Ces entreprises savent aussi réussir leur développement économique, et perdurer.

À l'origine de ces entreprises se trouvent de vrais entrepreneurs, innovants, leaders, responsables, et porteurs de valeurs humaines et collectives. Ils sont maîtres à bord. Ils décident en fonction de leur vision. Ils sont propriétaires de leur entreprise et ne dépendent ni de leur conseil d'administration ni des actionnaires. La plupart ont eu le souci d'intégrer les préoccupations de leur environnement. Nous pensons à Antoine Riboud pour Danone, François Dalle pour L'Oréal, Édouard Leclerc pour les magasins du même nom.

Du fait de leur indépendance et autonomie, les moyennes entreprises sont des acteurs potentiels du DRHD. Il serait intéressant de les valoriser et de favoriser leurs initiatives pour mieux intégrer les préoccupations environnementales et sociétales du tissu économique. Quelles que soient les lois à mettre en œuvre, n'oublions pas que ce sont les hommes qui en sont les acteurs.

On peut regretter que les fondateurs institutionnels de la RSE n'aient pas également développé le concept de RSC (Responsabilité sociale des citoyens). Ils ont vraisemblablement négligé le fait qu'une entreprise vit et se développe avec ses salariés, ses clients et ses actionnaires dans un environnement donné. Toutes les parties prenantes sont coresponsables du fonctionnement de l'entreprise et de sa manière d'être gérée. Si je suis actionnaire uniquement pour retirer des bénéfices de mes actions, je ne peux en vouloir à mon entreprise de mener uniquement une politique de profitabilité. Si les vêtements que j'achète proviennent de l'étranger, je ne peux m'opposer aux délocalisations. Notre responsabilité individuelle est en permanence sollicitée. Nous pourrions multiplier les exemples à l'infini. Nous sommes tous acteurs et auteurs de nos actes et non-actes. C'est pourquoi le DRHD ne peut se développer dans une entreprise que si chacun prend conscience de sa responsabilité dans la mise en œuvre de cette politique. La solidarité ne peut s'exercer que dans ces conditions. Seuls les actes permettent de se confronter aux autres, à la réalité, et de vivre ses valeurs.

Comme il n'y a pas d'approche universelle pour développer la RSE, et que les entreprises ont leur propre rythme et contexte de développement, l'organisation WBCSD[1] a conçu un navigateur en douze points, destiné à guider les entreprises au fil de leurs dilemmes et défis sociaux, dans leur démarche de RSE :

- Trouver son « nord magnétique ».
- Y intégrer son argumentation stratégique.
- Concentrer son attention sur les personnes.
- Évaluer le fardeau de son passé.
- Donner la priorité au personnel.
- Apprendre à connaître son voisin, sa communauté et sa culture.
- Discuter et établir un dialogue.

1. World Business Council on Sustainable Development.

- Rechercher les bons partenariats.
- Mesurer l'importance de la réputation.
- S'efforcer d'être un bon hôte.
- Mesurer ses réalisations et en tenir compte.
- Traiter avec soin l'information, le savoir et la technologie.

À la lecture de ces axes de conduite, nous percevons que le DRH est en première ligne pour faire vivre et développer la RSE. Il a pour mission de nourrir le dialogue social, responsabiliser ses interlocuteurs, élaborer des outils transparents et crédibles de suivi d'actions. Il doit promouvoir un management qui accompagne la mise en œuvre de la RSE. Il doit faire preuve de pédagogie, et être capable de défendre ses valeurs et points de vue face à son président.

Par le dialogue social, le DRH doit combiner les intérêts des salariés, représentés par les partenaires sociaux, avec ceux de l'entreprise. Les évolutions en matière de protection sociale et du droit du travail rendent les marges de manœuvre de plus en plus étroites. Des intérêts divergents empêchent le dialogue pour laisser la place à la discussion sociale où chacun est arc-bouté sur ses positions. Pourtant, nous pouvons imaginer que l'ensemble des acteurs a les mêmes objectifs : sauvegarde de l'emploi, profitabilité de l'entreprise et pérennité. La plupart du temps, les négociations sont difficiles par manque de confiance et de coresponsabilité. Dans le meilleur des cas, les acteurs négocient dans le donnant-donnant, mais souvent, c'est le perdant-perdant qui triomphe, et tout le monde se rejette la responsabilité de l'échec en oubliant qu'il en a été l'un des artisans.

Le modèle du dilemme du prisonnier illustre parfaitement cette problématique.

En 1950, Melvin Dresher et Merill Flood découvrent le dilemme du prisonnier, dont l'énoncé est le suivant :

Deux suspects sont arrêtés. Ils sont enfermés dans des cellules séparées.

La police leur fait cette proposition :

- s'ils ne parlent pas : deux ans chacun ;
- s'ils se disent innocents : quatre ans chacun ;
- si l'un se dit innocent et l'autre ne parle pas, le premier est libéré et l'autre prend cinq ans.

Dans ce modèle, chaque suspect peut opter pour le silence coopératif ou le chacun pour soi. Il doit prendre sa décision sans connaître celle de l'autre.

De toute évidence, la meilleure solution serait de ne pas parler. Or, dans la grande majorité des cas, les deux suspects crient leur innocence. Ils écopent donc tous les deux de quatre ans d'emprisonnement.

La coopération est souvent bénéfique, mais elle est difficile à mettre en œuvre sans la confiance réciproque et le sens des responsabilités.

À partir du dilemme du prisonnier, Robert Axelord[1] se demanda : « Comment réussir dans un monde d'égoïstes ? ». Il en déduisit plusieurs règles pour créer un environnement propice à la coopération :

- Augmenter l'impact des répercussions de la décision prise maintenant sur le futur.
- Modifier les gains de manière à rendre la coopération plus bénéfique.
- Enseigner la réciprocité. (Je te donne en fonction de ce que je reçois.)
- Améliorer les capacités de reconnaissance (de la stratégie de l'autre et de sa capacité à coopérer).

1. Chercheur en sciences politiques, à l'université du Michigan, Robert Axelord est l'auteur de nombreux ouvrages, notamment *Comment réussir dans un monde d'égoïstes*, Basic Books, 1984.

Voilà quelques règles dont les différents responsables devraient s'inspirer dans leurs négociations futures.

Dans ce nouveau contexte de responsabilisation sociale de l'entreprise, le DRH, soutenu par le management, doit sensibiliser toutes les parties prenantes à leur part de responsabilité – individuelle et collective –, dans la mise en œuvre d'une politique socialement responsable, faute de quoi, la RSE sera réduite aux obligations légales, et se traduira sur le papier bien plus que sur le terrain.

Les chapitres suivants donneront aux différents acteurs des pistes de dialogue et d'actions. La charte DRHD, proposée à titre d'illustration, montrera l'importance de l'engagement réciproque. Les exemples mentionnés feront ressortir comment les comportements individuels peuvent contaminer positivement les comportements collectifs.

IDÉES CLÉS

La création des entreprises mutualistes de la fin du XIXe siècle répondait à un besoin de partage et d'innovation sociale.

Certaines grandes entreprises du début du siècle ont été de véritables pionnières en matière d'innovation sociale. Leurs fondateurs étaient porteurs de valeurs humanistes et paternalistes.

Les entreprises pionnières en matière de DD et de DRHD sont portées par leurs fondateurs. Elles sont moins soumises à la pression des actionnaires.

Chaque entreprise peut anticiper les évolutions en matière de DD et prendre ainsi un avantage concurrentiel tout en étant citoyen.

Être responsable de soi, c'est assurer et assumer ses actes vis-à-vis des générations futures.

Nous sommes tous acteurs et auteurs de nos actes et non-actes.

La solidarité dépend avant tout de la responsabilité de chacun.

La notion de responsabilité nous enseigne que si l'homme a des droits, il a aussi des devoirs.

2

L'affaire de tous

Dans l'entreprise, le DRHD est l'affaire de tous. Malgré les intérêts divergents des acteurs, il est essentiel d'obtenir un consensus. Encore faut-il que la démarche soit transparente et cohérente, que les acteurs soient engagés dans ce processus de moyen terme, et que l'entreprise soit capable de maintenir le cap malgré les aléas de l'environnement.

2.1 Les actionnaires et les associés

Les financiers ont horreur de l'instabilité et de l'incertitude. Les actionnaires aussi. Le développement durable devrait combler leurs attentes. Il annonce l'ouverture de nouveaux horizons – un univers plus stable, moins chaotique, assez antinomique des krachs et des variations affolantes –, le retour des pères de famille en lieu et place des spéculateurs.

Le DD est la « Nouvelle Frontière » du IIIe millénaire. L'aventure proposée, qualitative et intérieure, est associée au système économique en place.

Dans ce contexte, quel est le rôle du DRH par rapport aux actionnaires et aux associés ?

En premier lieu, vis-à-vis des propriétaires de l'entreprise, le DRH doit être moteur d'innovations sociables durables. Les initiatives seront spectaculaires, porteuses d'image et de grande nouveauté. Elles seront également plus modestes, adaptées aux besoins des salariés, à leur bien-être.

Force est de constater que sur ce dernier point, les initiatives des actionnaires et des associés nous semblent bien timides.

En France, le marché de l'habitat est très tendu. Bon nombre de ménages ne parviennent pas à se loger. Faciliter leur installation peut alors devenir un véritable signe d'*affectio societatis.* En la matière, les associés peuvent jouer un rôle très concret en termes de DRHD. N'est-ce pas le genre d'initiatives que des entreprises comme Michelin prenaient assez facilement dans les siècles passés ? Faudrait-il retrouver une forme de paternalisme ? Sans aller jusque-là, le DRHD prône une adaptation permanente dans tous les domaines de la vie sociale.

Quand verrons-nous dans un compte rendu d'assemblée générale des propositions visant à aider les salariés de l'entreprise à se loger ou à mieux se loger ?

Toutefois, de plus en plus d'entreprises commencent à se préoccuper des besoins des individus qu'elles veulent attirer.

2.1.1 Le modèle du presse-citron

Porteur des valeurs du DRHD, le DRH doit s'attacher à promouvoir un modèle dans lequel les règles de partage ne conduisent pas à un déséquilibre entre actionnaires et salariés.

Or, le modèle dominant constaté dans les entreprises va dans le sens de ce déséquilibre. Si le partage des résultats conduit à augmenter toujours la pression sur les salariés, le système montrera progressivement son absence de pérennité. L'ampleur des résultats nets à distribuer sera source de frustration pour les salariés, et déclenchera des conflits sociaux.

Ce que nous appelons le modèle du presse-citron traduit, de la part des actionnaires, un niveau d'exigence exagéré. Rappelons que, récemment encore, le taux de rendement attendu pour les investisseurs allait couramment jusqu'à 15 % !

Ces 15 % sont devenus peu à peu une norme de fait. Or, nous savons pertinemment que les entreprises américaines cotées n'ont dégagé que 8 % annuels tout au long du XXe siècle. Soit à peine un peu plus de la moitié !

Dans ce modèle du presse-citron, les intérêts des actionnaires et des salariés sont divergents, voire opposés, lorsque la rentabilité de l'entreprise passe par des actions dures de réduction des effectifs ou de délocalisation.

La seule position durable, c'est l'affirmation des intérêts liés des actionnaires et des salariés. Les résultats de l'entreprise pour les actionnaires sont conditionnés par la permanence de la motivation des salariés – des salariés considérés en tant que groupe de création de valeur.

2.1.2 Le paradoxe des fonds de pension

Dans ce modèle, le rôle des fonds de pension n'est pas neutre. En effet, des pans entiers des économies mondiales appartiennent, à travers leurs sociétés cotées, au retraité de Floride ou de Californie. Ce personnage devient emblématique d'un pouvoir certes lointain et dilué, mais bien réel.

Ce type d'actionnariat va très souvent à l'encontre du DD de l'entreprise, et en particulier du DRHD. Or, paradoxalement, il est destiné à gérer des fonds qui garantissent un niveau de retraite à des millions de personnes.

D'une part, il relève d'une perspective à long terme et, d'autre part, par son mode de gestion très compétitive, et les retours sur investissement attendus, il contribue à générer les fléaux sociaux que sont le chômage ou les délocalisations.

On serait donc en droit de se demander si les fonds de pension ne sont pas, en fait, des freins à la rentabilité de l'entreprise, même si d'aucuns affirment qu'on ne peut plus s'en passer. L'instabilité de cet actionnariat n'a-t-elle pas de conséquences financières sur les entreprises ? Comment valider des stratégies ambitieuses, avec des retours sur investissement qui ne sont pas toujours immédiats, lorsque le rendement annuel attendu est maximal ?

Que sont devenues les sociétés plébiscitées par les fonds de pension à la fin des années quatre-vingt-dix, puis boudées et ignorées depuis parce qu'elles n'ont plus « une valeur internet suffisante » ?

Peut-on sérieusement penser que le « flottant » des entreprises cotées en bourse, généralement si important, soit quasi exclusivement entre les mains de personnes inconséquentes ?

Peut-on sérieusement penser que tous ces gens qui contestent les démantèlements industriels et se révoltent devant les excès de certains patrons irresponsables et cyniques sont prêts à cautionner des entreprises qui favorisent l'iniquité ou bafouent les droits humains lorsqu'ils en sont actionnaires ?

À notre avis, ces personnes sont majoritairement sous-informées. Et ceci à deux niveaux :

- Sous-information en matière de comportements réels de l'entreprise

  Quel souscripteur ordinaire de fonds commun de placement connaît dans le détail les pratiques des entreprises dans lesquelles le fonds est investi ? La plupart du temps, il ne connaît même pas le nom de ces entreprises. En ce sens, le rôle des intermédiaires financiers est capital. Il serait de leur devoir de communiquer des informations très précises sur les pratiques des entreprises qu'ils souhaitent voir figurer dans leurs fonds. Sans oublier les critères qualitatifs.

- Sous-information ensuite, en matière de rentabilité réelle !

  La montée en puissance d'associations d'actionnaires crée de nouveaux groupes d'influence. Cet interventionnisme actionnarial (*proxy vote,* en anglais) peut infléchir la politique des entreprises en faveur du développement durable.

Ainsi, Ethos, un fonds d'investissement suisse, s'est opposé, lors de la fermeture d'usines de la branche biscuits, au versement de stock-options pour les dirigeants de Danone. Ce fonds est bien entendu partie prenante dans ISR (Investissement socialement responsable).

2.2 La direction des ressources humaines

Dans notre perspective, la DRH d'une entreprise est avant tout le fer de lance de la mise en place d'une politique de DRHD.

À ce titre, elle est en charge de la construction et de la mise en œuvre de la charte DRHD. Elle a, à la fois, un rôle de pilotage et de contrôle des actions liées à la charte.

En termes de pilotage, la DRH s'attachera à :

- orienter la réflexion sur les actions prioritaires à mettre en œuvre ;
- organiser l'équipe de pilotage ;
- valider le contenu de la charte ;
- communiquer sur les décisions ;
- expliquer clairement les enjeux et le sens de la démarche.

En matière de contrôle, la DRH veillera à :

- ne pas négliger de partie prenante ;
- s'assurer de la réalisation des actions ;
- contrôler les résultats associés à la charte.

Toutefois, en matière de DRHD, le rôle du DRH ne se limitera pas à ses contributions à la charte. Il lui faudra prendre en compte tout l'environnement du DRHD pour en faciliter la mise en place.

2.2.1 L'exposition au risque

De façon générale, un DRH se trouvera face à un double enjeu : définir des priorités d'action et construire des critères d'évaluation. Il lui faudra donc s'appuyer sur des approches classiques d'analyse de risque, qui mettent en relation deux paramètres : intensité du risque et fréquence d'apparition.

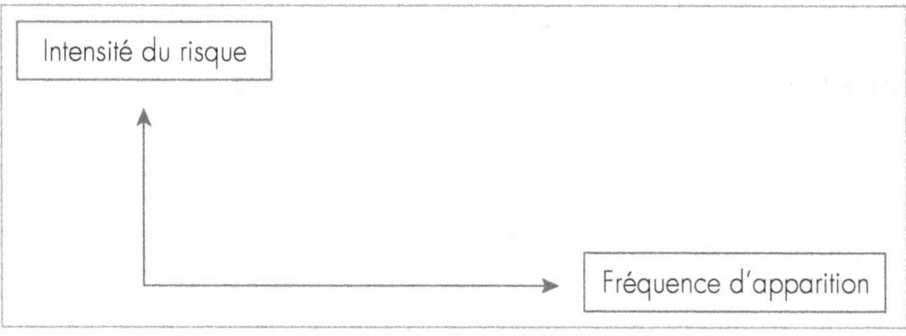

Axes d'analyse de l'exposition au risque

L'idée directrice est simple : plus l'intensité du risque est forte, plus il faut s'en prémunir ; plus la fréquence d'apparition du problème est grande, plus il faut investir dans la prévention. Ces principes généraux sont applicables au développement durable.

Ainsi, pour éviter l'apparition de conflits sociaux, le DRH s'attachera à définir – sur le plan financier, environnemental et humain –, les attentes des salariés et des représentants du personnel.

Des revendications récurrentes sur le plan des rémunérations (aspect financier) risquent de durcir les mouvements sociaux. Dans cet exemple, fréquence élevée d'apparition et intensité du risque se combinent.

Au contraire, si les efforts de respect et d'amélioration des environnements de travail sont unanimement reconnus, et si, par ailleurs, aucun problème grave n'est à attendre sur ce plan, ce thème sera considéré comme non prioritaire jusqu'à la prochaine évaluation.

Ici, fréquence et intensité sont faibles pour les risques liés aux attentes des salariés en matière d'environnement immédiat.

En fait, trois zones vont se dessiner à partir des axes précédemment identifiés :

- Enjeux prioritaires du DRHD.
- Enjeux significatifs pour le DRHD.
- Enjeux mineurs pour le DRHD.

La priorité de l'enjeu doit être analysée en fonction de son évolution dans le temps : à court, moyen ou long terme. En effet, un enjeu mineur dans l'immédiat peut s'avérer très significatif, voire prioritaire, à plus long terme.

Le DRH aura à cœur de faire participer très largement les collaborateurs de l'entreprise à la réflexion sur les pistes à suivre en matière de développement durable.

Il pourra procéder à une « mesure des extrêmes », de façon méthodique :

- Quelle serait la situation idéale ?
- Quels sont les points d'insatisfaction les plus importants à ce jour ?

Cette démarche est également très pédagogique. Elle permet de sensibiliser les managers aux outils de dialogue à utiliser pour éviter que les incompréhensions ne dégénèrent.

Chaque fois que des frustrations individuelles ou collectives sont susceptibles de s'envenimer, la « mesure des extrêmes » s'avère un excellent outil pour désamorcer les conflits.

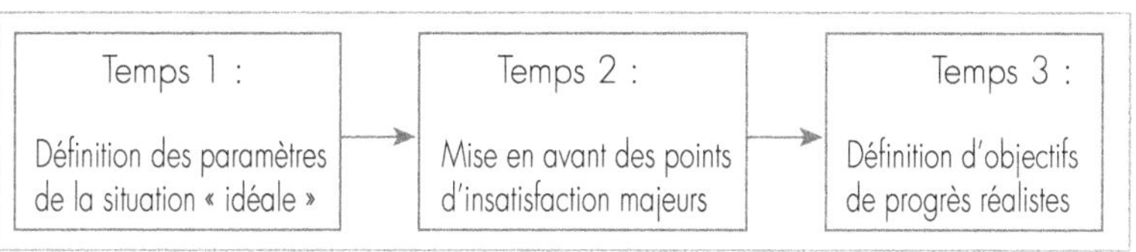

Synoptique de la démarche

Cette démarche de progrès est très efficace. Ses seules limites d'utilisation sont liées :

- à la capacité des acteurs à formuler clairement attentes et griefs ;
- au respect absolu des trois temps méthodologiques.

Nous recommandons, en particulier à l'initiateur et aux animateurs de telles méthodes, de veiller scrupuleusement à une purge complète des attentes (étape 1), avant de passer à une purge tout aussi complète des griefs (étape 2). La définition des objectifs est l'étape finale. Elle ne peut s'aborder qu'une fois les attentes et les griefs exprimés. Il s'agit, en quelque sorte, de respecter une forme « d'étanchéité » entre les étapes. Dès lors, l'efficacité opérationnelle de l'approche surprendra plus d'un DRH. Les participants sont amenés au résultat attendu par une dialectique imparable : de l'idéal aux blocages (insatisfactions) pour, finalement, aboutir aux scénarios possibles.

2.2.2 S'appuyer sur des pratiques existantes

Dans bien des cas, le DRH pourra s'appuyer sur des fonctionnements actuels ou des exemples passés pour manifester la sensibilité de l'entreprise et de son management au développement durable.

En effet, l'engagement de l'organisation dans le DD ne doit pas être ressenti comme un effet de mode. S'il se rattache à des pratiques existantes, on ne pourra le taxer de manœuvre opportuniste ou d'énième concept managérial.

Le DD doit être une pratique durable. Le DRH écartera les doutes éventuels sur la sincérité et la constance de la démarche en mettant en exergue les actions liées à l'engagement social de l'entreprise :

- formation de jeunes ;
- liens institutionnels ;
- formes d'aides et de mécénat…

Il rappellera aussi les initiatives qui ont été prises, et qui présentent un caractère innovant en matière de management des RH :

- mesures salariales ;
- politique de promotion interne ;
- contre-pouvoirs existants…

De façon générale, seront remémorées des actions concrètes qui se rattachent soit :

- au respect des personnes ;
- à la sécurité des équipes ;
- à l'intégration citoyenne de l'organisation.

La consistance de la démarche sera d'autant plus forte qu'elle s'appuiera sur les pratiques recommandées à l'échelle internationale.

À ce niveau, le *Global Compact* (pacte mondial), fait figure de référence.

2.2.3 S'appuyer sur les principes du *Global Compact*

Le « Pacte mondial des entreprises », promu par les Nations unies, préconise neuf principes managériaux, qui servent de points de repères :

- s'assurer que les collaborateurs ne participent pas à la violation de droits humains ;
- promouvoir le respect des droits humains ;
- systématiser le principe de précaution ;
- favoriser les technologies respectueuses de l'environnement ;
- promouvoir la responsabilité environnementale ;
- reconnaître la liberté d'association comme un droit ;
- exclure toute forme de travail forcé ;
- éliminer les discriminations à l'embauche et en matière de promotion ;
- militer pour l'abolition du travail des enfants.

Le pacte mondial des entreprises, entériné en 2000, invite les entreprises du monde entier à adhérer à des valeurs universelles, tout en respectant leur liberté dans le choix des actions qu'elles souhaitent mener.

Le DRH de n'importe quelle entreprise a donc la possibilité de favoriser le positionnement de son organisation dans un courant vital du monde économique.

Il peut sans risque engager son entreprise dans la démarche du développement durable des ressources humaines en préconisant, dans un premier temps, le respect des neuf principes du Pacte mondial. Ce faisant, il engage son entreprise sur les trois plans pris en compte dans le pacte mondial :

- droits de l'homme ;
- droits du travail ;
- principes de protection de l'environnement.

Peut-on rêver mieux pour assurer sa propre promotion et la crédibilité d'une démarche de DRHD que de se mettre sous l'égide de la Déclaration universelle des droits de l'Homme, la Déclaration de Rio sur le développement, ou encore la Déclaration sur les droits du travail (Organisation internationale du travail) ?

Ces textes de référence ont, en effet, servi de base aux neuf principes du pacte mondial des entreprises.

Placer une démarche DRHD sous de tels auspices revient à donner la bonne dimension à cette initiative : les perspectives microéconomiques de l'entreprise sont liées à des enjeux universels. Le DRH s'appliquera à souligner cette relation étroite et en fera une source de motivation et de fierté légitime.

Nous recommandons donc aux DRH des entreprises qui s'impliquent dans le DRHD de participer au pacte mondial. Il suffit d'une lettre d'adhésion envoyée par le directeur général de l'entreprise au secrétaire général de l'ONU : l'adhésion est automatiquement entérinée. Il conviendra ensuite de faire part des résultats de l'entreprise sur les actions menées, notamment celles qui favorisent le développement durable des ressources humaines.

Ces résultats seront référencés dans la base de données de l'ONU et mettront en valeur le rôle de l'entreprise en tant qu'acteur économique responsable.

2.3 Les partenaires sociaux

Vrais partenaires dans certains cas, fossoyeurs d'entreprises dans d'autres, les partenaires sociaux sont des acteurs à part entière de la vie de l'entreprise.

À la différence de l'Allemagne, le syndicalisme à la française privilégie fréquemment l'affrontement à la coopération, le militantisme au réalisme. Le taux d'adhésion diminue chaque année, et de nouveaux syndicats indépendants font leur apparition. Pourtant, malgré une faible représentativité, avec 9 % de salariés syndiqués, dont une large majorité dans la fonction publique, les syndicats représentent un contre-pouvoir à la direction générale et aux pouvoirs locaux, sur lequel il faut compter et s'appuyer pour accompagner les grandes mutations à venir.

Historiquement, l'entreprise est vécue comme un lieu de lutte par les militants. Une lutte à la fois contre le patronat mais également entre syndicats qui cherchent à gagner du terrain et des élus au détriment de leurs adversaires. Ce marquage entre syndicats restreint les syndicalistes progressistes dans leur coopération avec l'entreprise et dans la recherche d'innovation sociale.

Dans le secteur privé, les syndicats sont d'autant plus présents et virulents que les entreprises sont peu porteuses de valeurs sociales et développent un capitalisme boursier plutôt qu'un capitalisme entrepreneurial. Alors que dans la fonction publique, les syndicats sont très présents et plus revendicatifs.

Les entreprises possèdent sans doute les syndicalistes qu'elles méritent. Cet antagonisme originel, lié à la lutte des classes, entraîne un type de transaction sociale, au mieux basée sur le donnant-donnant, au pire sur le perdant-perdant.

Pour sortir de ce manichéisme stérile, l'État a voulu au travers de la loi Fillon et sa réforme sociale donner une plus grande place à la négociation entre les partenaires sociaux en matière du droit du travail. Pour Hubert Landier[1], « cette volonté de l'État de relancer la démocratie sociale doit permettre un développement de la politique contractuelle, la négociation d'accords innovants au niveau des entreprises, ainsi que le renforcement de la capacité des syndicats à s'engager dans une politique de compromis ».

Nous pourrions imaginer que le syndicalisme porte en lui-même les racines du DRHD. Même si de nombreux syndicalistes sont engagés dans le développement durable et l'altermondialisation, les syndicats ont peu communiqué sur ce thème. Il a fallu le texte de loi sur les Nouvelles régulations économiques (NRE), votée en mai 2001, pour que les syndicats s'emparent du sujet et en fassent un levier de négociation sociale et économique.

D'ailleurs, le concept de RSE (Responsabilité sociale des entreprises) reprend certaines idées syndicalistes en cherchant à concilier performance économique et performance sociale, considérations sociétales et environnementales, dialogue social et démocratisation de l'entreprise.

Le défi pour le syndicalisme est de traduire ce concept de développement durable sur les lieux de travail, et à tous ses niveaux d'intervention, du local à l'international. Pour cela, il doit sortir de sa culture d'affrontement et acquérir des outils méthodologiques pour participer activement à la décision, à sa mise en œuvre et à son évaluation.

Toutefois, pour que « ça marche », encore faut-il que le syndicalisme s'en saisisse ! Que les militants soient capables de répondre

1. Directeur de la *Lettre du Management Social* et auteur de nombreux ouvrages sur les relations sociales, notamment *Prévenir et gérer les conflits sociaux dans l'entreprise,* Éditions Liaisons Sociales, 2002.

aux sollicitations des analystes des agences de notation sociale. Qu'ils interpellent la direction sur le rapport social et environnemental imposé aux entreprises par la loi NRE. Bref, qu'ils acquièrent une crédibilité sur le développement durable.

« Le syndicalisme doit s'habituer à un nouveau type de dialogue et de partenariat. Il doit gagner une nouvelle légitimité », insiste Jacques Bass, secrétaire confédéral CFDT.

Le syndicalisme doit gagner en crédibilité s'il veut jouer un rôle majeur dans les grandes mutations à venir. Il doit penser globalement et agir localement. Il doit faire preuve d'innovation sociale pour à la fois préserver l'acquis fondamental de l'accès au travail, mais aussi l'outil de travail que représente l'entreprise. Il doit gérer ses contradictions comme consommer des produits délocalisés et refuser les délocalisations.

Il doit devenir un vrai partenaire du DRH et un acteur de la négociation collective et de la démocratisation sociale. Pour cela, l'entreprise doit jouer la transparence et la cohérence entre ses engagements et sa pratique sociale. Elle doit faire preuve de pédagogie et ne pas faire de discrimination syndicale. Elle doit choisir entre un capitalisme boursier qui privilégie l'actionnaire à l'emploi, et un capitalisme socialement responsable. C'est à travers ces deux choix que les organismes syndicaux vont déterminer leur mode de transaction sociale. Si le diagnostic est clair et partagé entre la direction d'entreprise et les syndicats, alors le dialogue social sera la clé du succès pour une contractualisation gagnante pour tous.

La mise en place d'un DRHD nécessite des syndicats forts et responsables pour encourager l'entreprise à investir davantage sur ses RH et pour convaincre les salariés de devenir acteurs de leur développement.

2.4 Les collaborateurs et l'encadrement

Leur implication dans une démarche de développement durable dépend de trois facteurs :

- la présence de champions au sein du personnel ;
- l'intensité de la communication interne ;
- le respect affiché des personnes dans l'organisation.

2.4.1 La présence de « champions » au sein du personnel

C'est à la fois une garantie de succès pour une démarche de DD et un facteur d'accélération. Ces « champions » sont des collaborateurs déjà sensibles aux thèmes du développement durable ou des militants engagés dans des actions qui lui sont liées.

Le DRH sera attentif au repérage et à la mobilisation de ces ressources. En identifiant des personnes spontanément impliquées dans les initiatives de développement durable, la DRH préparera autant de relais aux futures actions.

Les champions du DD interne ne doivent pas être sélectionnés sur des critères hiérarchiques ou de proximité vis-à-vis de la direction.

Si cette remarque peut paraître banale, nous la soulignons parce que la tentation est toujours grande de reproduire les grilles ordinaires de sélection, qui ont régulièrement tendance à privilégier le conformisme.

En matière de développement durable, nous pensons au contraire qu'il ne faut pas hésiter à mettre en avant des personnes éventuellement « décalées », mais qu'il motive profondément.

Ces champions reconnus en interne seront sources et vecteurs de projets. Ils auront aussi la charge de mesurer l'avancement des actions menées et de synthétiser les résultats obtenus dans le cadre du DRHD.

2.4.2 La reconnaissance d'enjeux supraprofessionnels

Reconnaître les salariés comme une des parties prenantes de l'entreprise est un acte fondamental. Les reconnaître collectivement partie prenante est source de motivation.

Tout aussi fondamental est de considérer chaque salarié, à titre individuel, comme partie prenante de l'entreprise. Son insertion sociale, hors de l'organisation, dépend de son rôle dans l'entreprise. Ses options familiales dépendent bien souvent de son travail. Sa philosophie personnelle ainsi que celle de ses proches vont être impactées par sa vie dans l'entreprise.

Ces enjeux, que nous qualifions de « supraprofessionnels », seront déterminants dans l'adhésion de chaque salarié au projet d'entreprise.

Tant dans leur métier que dans leur vie personnelle hors de l'entreprise, les salariés ont besoin de comprendre le sens des actions dans lesquelles ils ont un rôle à jouer.

Cet état de fait est de plus en plus net avec les générations montantes qui, de plus en plus éduquées, de plus en plus exigeantes, ont soif de comprendre. Leur formation même a souvent mis en exergue la nécessité d'explication et de sens à l'action.

Le DRHD passe par la prise en compte de ces attentes modernes. Pour que les salariés, partie prenante de fait au développement de l'entreprise, en deviennent partie prenante volontaire et active, la DG sera attentive à cette exigence d'implication.

2.5 La direction générale

Bien évidemment, le DRH ne peut être fer de lance du développement durable qu'avec un engagement dans le même sens de sa direction générale.

Dans une entreprise durable, les orientations de la direction générale sont souvent liées à la tradition et aux pratiques qui constituent sa culture. C'est ce que nous retrouvons dans le groupe Lafarge, plus que centenaire : « Mettre l'homme au cœur de l'entreprise » est le credo profond du management, depuis l'origine.

Dans « l'orientation marché » actuelle du groupe, c'est un des aspects de cette politique qui s'illustre : aller au-devant des attentes des clients. Les valeurs d'intégrité et de respect des engagements sont également des aspects de cette politique.

Ces positions de principe, quelle que soit l'organisation, donnent crédit à une démarche de développement durable, en particulier dans le contexte du DRHD.

La vision stratégique de l'entreprise, portée par le DG, sera d'autant plus immédiatement crédible qu'elle s'appuiera sur une histoire : engagements passés de l'entreprise dans le domaine humanitaire, formes de soutien à des initiatives courageuses ou investissements réalisés dans les champs de la prévention.

L'avenir se nourrit du passé, et tout particulièrement en matière de développement des organisations. Cela n'implique pas que des stratégies de rupture soient impensables. En effet, dans des contextes d'entreprise difficiles, le DRHD peut être un excellent outil de mobilisation et de centrage des efforts.

Dans des entreprises où les pratiques managériales n'auraient rien d'avancé, un changement radical de perspective pour les salariés peut être très salutaire.

Il en est ainsi dans les entreprises où :

- les possibilités de promotion interne sont faibles ;
- les politiques de redistribution minimalistes ;
- les réseaux externes inexistants ou inactivés ;
- les conditions de travail précaires ;
- les liens de communication internes découragés ;
- les initiatives citoyennes bannies ;
- les projets individuels suspects.

Dans ces contextes, le DRHD peut s'avérer bénéfique à plusieurs titres :

- Il va d'abord signifier une rupture dans les valeurs de l'entreprise : un lien différent entre les acteurs, et un mode de reconnaissance des résultats fondé sur des critères partagés, par exemple.
- Il va ensuite constituer, en tant que pratique, un mode de management nouveau : participatif et respectueux des salariés.
- Il va enfin servir de catalyseur aux projets : fiers des objectifs et d'accord avec les moyens, les collaborateurs impliqués se retrouveront fers de lance des projets au travers de plans d'action prioritaires concertés.

2.5.1 Les dirigeants créateurs d'entreprises

Il nous paraît clair que les dirigeants fondateurs de leur entreprise devraient avoir une sensibilité et des dispositions toutes particulières pour le DRHD. En effet, par leur attachement très profond à la pérennité de leur projet d'entreprise, ils sont à même de favoriser et d'entériner des choix à long terme pour leur organisation. Nous avons conscience que cette vision du dirigeant-entrepreneur n'est pas le reflet exhaustif des entreprises managées par un dirigeant propriétaire.

Un modèle qualifié souvent « d'anglo-saxon » existe aussi : dans ce type de contexte, le dirigeant a pour but principal, et ceci dès la création de l'entreprise, de revendre à terme l'entreprise qu'il aura dirigée. Bien évidemment, la donne change. Il s'agit plus d'une démarche spéculative que d'un projet de pérennisation.

En revanche, et pour être tout à fait complet, bien des repreneurs de sociétés se comportent, eux, comme des dirigeants qui visent avant tout la poursuite sur le long terme de leur projet d'entreprise.

De tels comportements sont plus difficiles à observer dans les grandes, voire les très grandes entreprises. Dans ce cas, l'intérêt pour une vision durable du développement de l'entreprise ne peut être qu'une construction – une démarche volontariste avec ses règles et ses méthodes, impulsée par un dirigeant sensible aux enjeux.

Le contexte s'avère très différent de celui de la PME, non seulement en raison du statut du dirigeant, mais également à cause de la très forte dépendance de l'entreprise à la conjoncture mondiale.

Les grands groupes ont en effet contre eux, dans une perspective de long terme, une exposition immédiate aux fluctuations de leurs marchés mondialisés. Une exposition bien plus grande que celle des PME qui, en revanche, souffrent le plus souvent d'un manque de lisibilité de l'environnement.

Sans renvoyer dos à dos ces deux types de structure dans leurs efforts pour développer éventuellement une démarche de développement durable, le rôle de la DG apparaît systématiquement à trois niveaux :

- Elle donne l'impulsion initiale.
- Elle valide les moyens et méthodes à mobiliser.
- Elle garantit la persistance de l'intérêt porté par l'organisation.

3

Une vision partagée

Au-delà de la prise de conscience de leur rôle et de leurs responsabilités sur le plan écologique, économique et social, les entreprises doivent inscrire concrètement leur vision dans les faits. Le passage des mots aux actes nécessite un engagement réel de la part des signataires, le suivi rigoureux d'un cahier des charges, des changements réalisés et de leurs impacts.

Ce chapitre développe les conditions nécessaires à la mise en œuvre d'une véritable politique de DRHD et fait ressortir les pièges dans lesquels certaines entreprises sont tombées.

3.1 La charte du DRHD

À l'instar des gouvernements, les entreprises ont, à la fois, adhéré à des chartes existantes, créé leur propre charte et nommé un responsable du DRHD. Elles ont ensuite informé les différents acteurs internes, et parfois engagé leur management dans cette démarche. Nous sommes dans un schéma classique qui pourrait se résumer ainsi : « J'ai pris conscience de l'enjeu, je le dis et je l'écris, puis je demande aux autres de changer pour que je puisse enfin prouver que j'ai moi-même évolué. »

Ces entreprises ont-elles mis un additif à leur charte interne, comme d'autres rajoutent un chapitre dans leur rapport d'activité annuel ? Ont-elles simplement élargi leur communication ou manifesté leur réelle volonté de changement en modifiant leurs principes de management ?

3.1.1 Un engagement au niveau international

La plupart du temps, la volonté des nations, d'un peuple ou d'une entreprise s'inscrit dans un traité, une charte ou un contrat qui, même s'il n'est pas respecté, a du moins le mérite d'exister. La prise de conscience par les grandes nations de l'appauvrissement de la planète lors du sommet de la Terre, qui s'est tenu à Rio en 1992, aboutit à la Déclaration de Rio, comprenant vingt-sept principes de développement durable, adoptés à l'unanimité par cent soixante-treize États, qui signèrent un programme d'actions pour le XXIe siècle – l'Agenda 21. Ce programme doit être appliqué au niveau national, régional et local.

Au-delà des nations, de nombreuses associations et grandes entreprises nationales et internationales, comme la BNP ou EDF, ont signé la charte Agenda 21 pour la décliner au sein de leur propre organisation. EDF a ainsi élaboré vingt et un principes d'action, qu'elle a soumis à des personnalités extérieures, à des organisations syndicales et au personnel du groupe. Ils ont été enrichis de leurs contributions avant d'être soumis à des panels de clients.

Pour EDF, ce travail s'est organisé autour de quatre thèmes :

- Agir de manière transparente.
- Agir en entreprise responsable.
- Passer au crible du développement durable leurs activités, leurs investissements et leurs offres.
- Agir en partenariat avec les autres secteurs du développement durable.

Pour que cette démarche ne se résume pas à une simple déclaration d'intention, EDF a instauré un dispositif de mise en œuvre, complété par des indicateurs de suivi. L'ensemble est piloté au plus haut niveau de l'entreprise.

Chez Renault, réflexions et actions s'inscrivent dans le cadre des initiatives internationales en matière de développement durable. Le groupe souscrit aux principes directeurs de l'OCDE (Organisation de coopération et de développement économiques). Il a adhéré aux principes du contrat mondial, *Global Compact,* de l'ONU.

Par ailleurs, le président de Renault a signé la déclaration commune sur le « Leadership Challenge for CEOs and Boards » du *Global Corporate Citizenship,* une initiative du World Economic Forum. L'objectif de cette déclaration est d'instaurer un cadre d'action permettant aux entreprises de maîtriser les impacts de leur activité sur la société et sur leur relation avec les parties prenantes.

Toutefois, ces engagements à l'échelle internationale traduisent davantage une démarche externe qu'interne. La mobilisation des entreprises vise à préserver l'environnement, les ressources naturelles et les générations futures sans compromettre les besoins du présent, notamment ceux de la performance économique. Ces entreprises investissent dans des œuvres humanitaires ou des programmes pour le respect de l'environnement et des énergies renouvelables. Leur politique de communication accorde une très large part à leur implication dans le développement durable, mais que se passe-t-il en interne ? Comment ces entreprises sensibilisent-elles leurs collaborateurs à ces questions d'ordre environnemental et sociétal ? S'agit-il simplement d'obtenir une meilleure notation au CAC40 ? Quelle politique DRHD mettent-elles en place pour préserver, actualiser et développer leurs ressources internes ?

Dans le cadre de la responsabilité sociale, le groupe BNP Paribas œuvre largement en interne pour expliciter sa démarche en faveur du développement durable. Tout comme chez EDF, la charte éthique du manager a été diffusée à une grande partie de l'encadrement. Au travers de séminaires, les cadres dirigeants ont été sensibilisés à leur rôle en matière de développement durable.

Toutefois, les collaborateurs de ces grandes entreprises ont-ils le sentiment de contribuer au DRHD et d'en bénéficier ? Rien n'est moins sûr car, dans le même temps, ils subissent une pression forte pour atteindre des objectifs de profit toujours plus importants, parfois en contradiction avec cet équilibre fragile entre l'économique, le social et les parties prenantes.

3.1.2 Des engagements au niveau des différentes parties prenantes

D'autres entreprises ont pris l'option de créer et de développer leur propre charte autour des trois piliers du développement durable. Par exemple, Air Liquide énonce quatre grands principes :

- La responsabilité envers l'actionnaire : développement de l'activité et de la performance de l'entreprise dans la durée et la transparence.
- La sécurité des personnes et des installations, préservation de l'environnement et des ressources naturelles, dans les opérations du groupe et chez ses clients.
- L'engagement social et humain des hommes et des femmes de l'entreprise autour d'un même projet.
- L'innovation et progrès technologique pour garantir le développement de l'entreprise et de ses clients.

Xavier Drago, directeur du développement durable chez Air Liquide, résume cela en disant : « À partir d'un leadership technologique sans cesse renouvelé dans les gaz industriels et médicaux, et dans le respect de l'environnement et des personnes dans le monde, nous nous engageons à apporter des solutions innovantes, produits et services, créatrices de progrès et de valeur pour les clients de l'industrie et de la santé comme pour les salariés et les actionnaires d'Air Liquide. »

Le groupe Orange s'est engagé dans une démarche de RES (Responsabilité sociale d'entreprise) pour répondre aux attentes de ses collaborateurs, clients, actionnaires.

Attentives à tous ceux qui sont concernés par leurs activités et se préoccupent des questions éthiques et environnementales, ces entreprises essaient d'apporter une cohérence globale entre les différentes parties prenantes du développement durable.

Le groupe Casino, par exemple, a élaboré une charte du développement durable en prenant dix engagements prioritaires vis-à-vis de ses salariés, de ses clients et de ses actionnaires. Quatre engagements fondamentaux concernent les salariés :

- OFFRIR à nos collaborateurs des conditions de travail fondées sur le dialogue social, l'équité et la reconnaissance du travail accompli.
- FAVORISER l'implication des collaborateurs dans des partenariats locaux en faveur de l'aide humanitaire, de l'insertion professionnelle et de l'environnement.
- PROMOUVOIR l'égalité des chances en luttant contre les discriminations et en favorisant l'insertion par l'emploi.
- DIALOGUER de façon ouverte et transparente avec l'ensemble de nos parties prenantes.

Il est important de rappeler que Casino n'a pas attendu le sommet de Rio pour développer une politique concrète de RHD (Ressources Humaines Durables). Dès 1904, il a mis en place une caisse de prévoyance et de décès. En 1916, il a socialement innové avec les allocations familiales et la participation aux résultats ainsi qu'avec la caisse de retraite créée en 1923. Cette entreprise plus que centenaire a montré sa pérennité dans un marché qui s'est largement concentré et où les plus grands noms de la distribution ont disparu (Euromarché, Mammouth...).

Casino n'est pas la seule entreprise à s'être engagée depuis très longtemps dans la responsabilité sociale et économique. La culture du groupe Danone puise ses racines dans la conviction que la performance économique et l'attention aux hommes sont intimement liées. Ce groupe reste porteur de ce qui a servi de fondement à son développement, et a toujours été au cœur de ses décisions, y compris les plus difficiles. Sous l'impulsion de son président Antoine Riboud, alors PDG de BSN, cette entreprise a lancé sa réflexion et démarche sur la responsabilité sociale et environnementale dès la fin des années soixante. Elle a formalisé en 1974 son double projet économique et social autour de cinq recommandations concrètes :

1. Adapter le niveau des effectifs aux besoins, réduire l'insécurité de l'emploi et minimiser les conséquences négatives des réductions d'effectifs.
2. Développer des politiques salariales incitatives, cohérentes avec la situation économique et l'environnement des départements.
3. Développer le potentiel et la contribution de l'encadrement et de tout le personnel conformément à ses aspirations et aux besoins de l'entreprise.
4. Améliorer simultanément les conditions de travail et l'efficacité économique avec la participation du personnel.
5. Développer et améliorer la communication avec le personnel et ses représentants.

À la lecture de ces cinq axes, nous constatons que dans le cadre du développement durable, la plupart des engagements des entreprises à l'égard des salariés ne font que plagier une grande partie des mesures prônées par Antoine Riboud. En soi, ce n'est pas un handicap, mais pourquoi seraient-elles davantage appliquées aujourd'hui que par le passé ? Les entreprises vont-elles faire preuve de créativité en appliquant d'autres mesures que le licenciement de masse pour adapter le niveau des effectifs aux besoins économiques ?

Enfin, il y a ceux qui ont fondé leur entreprise sur le concept même de développement durable. François Lemarchand en est un exemple. Homme engagé dans la sauvegarde de la planète bleue, il a créé Nature & Découvertes. Sa charte comprend quatre engagements fondamentaux pour guider les actions de son entreprise :

- Un engagement autour de la satisfaction du public.
- Un engagement pédagogique pour encourager la connaissance de la nature.
- Un engagement écologique pour participer à la protection de la nature.
- Un engagement économique pour développer son entreprise sur une base durable et profitable, en préservant les aspirations des clients, des équipes, des fournisseurs et des actionnaires.

Notons que le dernier engagement se traduit concrètement par une stabilisation du nombre d'ouvertures de magasins au détriment de la course à la croissance.

3.1.3 Les conditions de réussite pour élaborer une charte DRHD

Est-il nécessaire, pour œuvrer dans le développement durable, de l'inscrire en lettres d'or dans le guide du nouvel embauché ? Faut-il en avertir la presse ? Ce n'est pas nécessaire si l'entreprise ne cherche pas à redorer son image de marque ou à se positionner sur le plan éthique. Nombre d'entreprises et de personnes participent tous les jours à la construction d'un monde plus équitable. C'est, certes, une démarche généreuse où la pudeur se mêle à l'anonymat, mais il n'en reste pas moins qu'elle perd de son impact faute d'être connue.

Prenons l'exemple de la Caisse d'Épargne qui investit des millions d'euros dans le financement des projets d'économie locale et sociale (PELS). En tant que client et sociétaire de cette banque, je n'étais pas informé. Mon agence locale n'était pas mieux informée que moi. Quel dommage de perdre cette possibilité de communiquer vers l'ensemble des parties prenantes, et de leur donner ainsi une raison d'être fières de leur banque en tant que clients, salariés, sociétaires et même fournisseurs.

Élaborer une charte DRHD nécessite que le chef d'entreprise et/ou le comité de direction se posent un certain nombre de questions :

- Une charte pour quoi faire ? Quelle est notre finalité ?
- Quelle est notre crédibilité vis-à-vis de l'interne et de l'externe sur notre capacité à mettre en œuvre nos engagements ?
- Quelles sont les actions concrètes déjà réalisées sur lesquelles nous allons pouvoir asseoir notre démarche ? S'il n'en existe pas, lesquelles va-t-on devoir mettre en œuvre et dans quel délai ?
- Quels impacts sur les individus, les équipes et l'organisation ?
- Quels engagements vis-à-vis des différentes parties prenantes ?
- Quel processus prévoir pour rédiger et faire vivre cette charte, et à qui confier ce projet ?
- Quel planning réaliste se fixer ?

Voilà un ensemble de questions dont les réponses faciliteront la création et la mise en œuvre d'une charte DRHD.

Une charte pour quoi faire ?

Les dirigeants sont souvent tentés d'imposer leur volonté à l'ensemble des salariés. Or, l'entreprise a besoin d'une vision partagée, qui donne du sens à l'action menée. La charte DRHD a donc un effet mobilisateur fort, et ravive l'énergie créatrice. Elle donne ou redonne aux salariés une fierté d'appartenance, et leur permet souvent d'exprimer leurs valeurs personnelles au sein de l'entreprise. Cette charte doit être simple à lire, à comprendre et à mettre en œuvre.

Chaque salarié se sent acteur et sujet du DRHD. Acteur, puisqu'il est éthiquement responsable de ses actes. Sujet, puisque l'entreprise met en œuvre les dispositifs RH nécessaires à son évolution et à ses aspirations. Il ne s'agit donc pas d'une charte unilatérale. Tout le monde doit être partie prenante.

Quelle est la crédibilité de l'entreprise ?

Combien de projets d'entreprise, de chartes, d'engagements sont restés lettre morte ? Tout dirigeant d'entreprise devrait se poser la question avant d'afficher ses ambitions de DRHD. Si la crédibilité de la direction générale est reconnue, l'entreprise possède un minimum de conditions pour lancer un nouveau projet mobilisateur. Au contraire, si sa légitimité est contestée, il lui faudra, bien plus qu'une déclaration d'intention, poser des actes concrets pour mobiliser les hommes et apporter de vrais changements.

Cette notion de légitimité est essentielle pour la mise en œuvre d'une politique DRHD. Au-delà des hommes, la culture de l'entreprise a également son rôle à jouer. Le nouveau DRH ne pourra ignorer l'historique de l'entreprise, ses croyances, ses représentations dans la mémoire collective. Il faut beaucoup de temps et d'actions concrètes pour reconstruire une crédibilité, très peu pour la détruire.

Le DRHD n'est pas une course contre la montre. Il nécessite de solides fondations culturelles, sociales et économiques pour se mettre en place durablement. C'est le défi que doit relever une direction générale responsable et lucide.

Quelles sont les actions concrètes DRHD déjà mises en œuvre ?

Nombre d'entreprises n'ont pas attendu la conférence de Rio pour s'engager dans le développement durable, et se préoccuper de leur mission socialement responsable vis-à-vis des différentes parties prenantes. La Redoute, par exemple, a privilégié le développement des acteurs et partenaires locaux et régionaux plutôt que nationaux.

D'autres défendent le concept d'entreprise citoyenne par des actions concrètes visant le maintien du lien sociétal et le développement des ressources humaines. Par exemple : une gestion prévisionnelle des emplois des plus de 45 ans ; un plan d'épargne entreprise ; des plans de formation individualisée ; un accompagnement des personnes en difficulté ; un dialogue social permanent ; une gestion des carrières fondée sur la compétence ; fondation ; mécénat ; investissement dans l'apprentissage…

Ces différentes actions contribuent durablement au développement des ressources internes et non pas uniquement à la bonne image de l'entreprise. Encore faut-il vérifier que les résultats obtenus répondent véritablement aux attentes des différents intéressés, et contribuent au DRHD de l'entreprise.

L'étape suivante consiste à déterminer les prochaines actions qui crédibiliseront l'ensemble de la démarche DRHD et lui donneront une cohérence globale. Par exemple, instaurer des aides à la reconversion pour répondre aux futures difficultés des populations de back office, ou bien opter pour une approche formative orientée technique, en prenant en compte le développement de l'autonomie dans l'apprentissage.

Si l'entreprise s'est peu investie dans le socialement responsable, le dirigeant et son équipe déterminent les premières actions à mettre en œuvre – acceptables, réalisables, visibles et mesurables. À la différence des grands comptes, les entreprises de taille moyenne possèdent une réactivité importante qui leur permet de conduire des changements d'organisation et humains de manière plus rapide et souvent plus efficace. Une fois la décision prise, et sous l'impulsion d'un dirigeant volontaire, ce type d'entreprise est capable de mobiliser rapidement ses équipes pour concrétiser, en un temps record, des actions orientées DRHD.

Quels impacts sur les individus, les équipes et l'organisation ?

Le responsable de formation aura beau développer des programmes spécifiques, si les personnes ne sont pas disponibles pour se former et apprendre, cela aura peu d'effet. Même si la direction générale demande aux commerciaux d'avoir une démarche plus éthique vis-à-vis des clients, si le mode d'évaluation de leur performance est purement quantitatif, il est peu probable que la directive soit vraiment mise en œuvre. Les entreprises ont tendance à vouloir faire évoluer les changements individuels sans se préoccuper de l'impact de leur culture organisationnelle.

L'équipe de direction se doit de prendre en compte la cohérence d'ensemble – individus, équipes et organisation – pour obtenir la meilleure amplitude possible de changement.

L'impact sur les individus

Une charte DRHD n'engage pas que la direction générale. Les salariés sont impliqués, à titre individuel. Par exemple, pour préserver l'environnement, ils participeront au recyclage du papier, des cartouches d'encre, et au tri sélectif. Ils deviennent acteurs de leur enrichissement de compétences en développant leur capacité d'auto-apprentissage. Ils intègrent une attitude professionnelle socialement responsable. Ainsi, l'acheteur ne va pas uniquement privilégier le prix, mais aussi l'origine et les conditions de fabrication, ainsi que les matières utilisées. Le responsable des fournitures sélectionnera des produits plutôt biodégradables. Pour que ces comportements puissent se généraliser, il faut au minimum trois conditions :

- Une prise de conscience individuelle où chacun se sent investi de sa mission.
- Une évaluation des actions entreprises, avec des sanctions si la charte n'est pas respectée.
- Un management et une organisation qui se comporte en relais et non en frein.

Il suffit que l'une de ces conditions ne soit pas respectée pour que la charte ne soit jamais appliquée. La prise en compte de ces trois conditions est donc la condition préalable à toute autre démarche.

L'impact sur les équipes

Souvent, le manque de cohésion collective et la concurrence interne freinent les ardeurs individuelles. Pour développer la synergie, et non la résistance au changement, il est nécessaire que le management établisse des règles claires de fonctionnement et de confiance. Le manager est le relais du DRHD au sein de son équipe. C'est lui qui va donner du sens à l'objectif à atteindre, et promouvoir sa finalité. C'est à lui de donner l'exemple en intégrant dans l'évaluation de ses collaborateurs le respect ou non de la charte établie par l'entreprise.

Dans chaque direction, il y a des implications spécifiques de la charte : les achats doivent respecter certaines conditions dans le choix de leurs fournisseurs ; la direction commerciale doit développer une approche plus respectueuse des besoins du client... Pour réussir cette mobilisation générale et cette cohésion des équipes, il est essentiel d'instaurer un mode participatif. Il faut également mettre en place des indicateurs de pilotage et communiquer régulièrement les résultats obtenus aux équipes concernées.

En fonction de l'importance de l'entreprise et de l'effectif dans chaque direction, cette démarche peut faire l'objet d'une conduite de projet avec un chef de projet, et un comité de pilotage qui arbitrera, si nécessaire, les propositions d'actions issues de la réflexion collective.

Certaines propositions issues des groupes de travail auront un impact sur la culture organisationnelle, le *business model,* le système d'information... Leur mise en œuvre dépendra donc de la volonté de la direction générale à conduire un changement au niveau de la structure même de l'entreprise.

L'impact sur l'organisation

D'une manière générale, la capacité des entreprises à conduire des changements profonds dépend de la souplesse des individus qui la composent, de son mode de management et de sa structure organisationnelle. La rigidité d'une entreprise est souvent liée à son ancienneté, à sa taille, à son origine, à son secteur d'activité. Les entreprises bureaucratiques et centralisatrices auront plus de difficulté que celles qui valorisent l'autonomie et la responsabilisation individuelle. Entre ces deux profils extrêmes, il y a une multitude d'organisations plus au moins capables de s'ajuster rapidement à leur environnement.

C'est en situation de crise que les entreprises entreprennent les restructurations les plus importantes. Ce n'est pas le meilleur moment pour s'engager dans une politique de DRHD, car l'entreprise risque de prendre des décisions à très court terme avec, vraisemblablement, un coût humain important et non anticipé.

Qu'est-ce qui pourrait motiver une direction générale à s'engager dans de vrais changements stratégiques et organisationnels pour développer une réelle politique de DRHD ? Pourquoi des dirigeants prendraient-ils un risque sur du moyen terme, alors qu'ils sont en permanence évalués et sanctionnés sur des résultats à court terme ? Pourquoi engageraient-ils l'entreprise dans la voie de la responsabilité sociale individuelle et collective, alors que les comportements humains sont, pour la plupart, orientés vers le chacun pour soi ?

Devant ce questionnement, les responsables d'entreprises ont généralement tendance à ne pas anticiper de changements profonds, et à ne pas s'engager dans des actions sans impact immédiat sur l'image et le résultat de l'entreprise. Ce sont les contraintes externes – les nouvelles lois sur le respect de l'environnement, la formation tout au long de la vie – qui vont entraîner des investissements importants et des modifications de procédures et d'organisation.

Ce qui est vrai pour les grands comptes l'est moins pour le chef d'entreprise qui engage ses fonds propres dans la voie du développement durable. Certaines de ces entreprises se sont construites en intégrant dans leur développement économique la valeur de leur responsabilité sociale et économique envers leurs différents partenaires. D'autres entreprises, comme certains mutualistes, qui se sont développées de manière avant-gardiste autour d'une mission sociétale, ont malheureusement perdu avec le temps leur raison d'être au profit d'une logique plus financière et moins collective.

Dans cette imbrication naturelle entre l'individu, l'équipe et l'organisation, les changements de comportements individuels et de fonctionnement collectif ne peuvent s'exercer pleinement que si les dirigeants et les managers sont capables de faire bouger leur cadre organisationnel et leur mode de management.

Quels engagements vis-à-vis des différentes parties prenantes ?

Nous avons vu précédemment que de nombreuses chartes sur le développement durable prenaient en compte des engagements globaux. Ainsi, L'Oréal s'engage à être « respectueux de la personne humaine, de ses consommateurs, de ses partenaires et de son environnement ».

Renault exprime ses obligations vis-à-vis de tous les représentants de la communauté mondiale au travers des engagements suivants :

Clients : Renault cherche à combler leurs attentes au moment de l'achat et pendant toute la durée de vie du véhicule, et à satisfaire leurs besoins de mobilité.

Actionnaires : Renault doit justifier, par la qualité de ses résultats, la confiance que lui accordent tous ceux qui investissent dans l'entreprise.

Salariés : Renault leur doit un emploi valorisant et évolutif, ainsi qu'une adaptation de leurs savoirs et compétences assurant leur employabilité.

Partenaires de l'entreprise étendue (fournisseurs et réseaux de distribution) : Renault doit établir avec ses partenaires une relation de confiance, fondée sur la transparence et l'échange, gage d'un partenariat durable.

Communautés voisines : un échange harmonieux sous-tend la relation de Renault avec les communautés voisines de ses sites industriels, et avec toutes les personnes qui ont un lien avec l'entreprise dans l'exercice de leur métier.

Société : Renault se préoccupe des impacts éventuels de son activité et de ses produits sur l'ensemble de la société actuelle et future.

Au-delà des communiqués de bon aloi, nous constatons que les différents intéressés sont traités de façon inégale. Les entreprises industrielles vont plutôt axer leurs efforts sur l'écologie et le respect de l'environnement. La grande distribution prendra des engagements vis-à-vis des fournisseurs du Tiers-Monde pour favoriser une économie responsable, tout en oubliant les habituels fournisseurs locaux qui vont subir leur position dominante. Les entreprises de services vont plutôt développer une politique DD orientée sur le sociétal. Les clients et les salariés sont souvent les grands oubliés : les premiers parce que l'entreprise imagine que le client s'intéresse principalement au ratio qualité/prix et non à sa responsabilité de consommateur et de fabricant de déchets ; les seconds parce qu'ils représentent une charge dans le compte d'exploitation plutôt qu'un actif dans le bilan.

Le responsable du développement durable d'un grand groupe bancaire soulignait qu'il était difficile de gérer les intérêts divergents et contradictoires des différentes parties prenantes. En effet, comment satisfaire à la fois les actionnaires dans leur besoin de rentabilité, les syndicats dans leur revendication d'amélioration sociale, les clients dans leur recherche du meilleur service au moindre coût, les salariés qui désirent préserver leurs emplois ? L'entreprise va donc arbitrer au mieux de ses intérêts, au risque de manquer de cohérence et de faire preuve de contradictions dans sa manière de traiter l'interne de l'externe.

Il ne peut y avoir de véritable effet de synergie entre l'ensemble des acteurs sans mobilisation des ressources internes de l'entreprise – le vrai relais vis-à-vis des clients, de l'environnement et du sociétal.

Plus les modalités d'actions proviendront des collaborateurs, plus l'entreprise pourra respecter ses engagements.

Quel processus prévoir pour rédiger cette charte, et à qui confier ce projet ?

La phase de réflexion stratégique, gérée par la direction générale, peut prendre plusieurs mois, car la rédaction de la charte engage l'entreprise dans son ensemble.

La phase opérationnelle est confiée à un chef de projet. Si le projet est stratégique, le pilote sera un membre du comité de direction et/ou exécutif. Si le projet a une forte orientation interne, le DRH sera la personne la plus compétente pour piloter ce dossier. Enfin, si la charte fait essentiellement partie du plan de communication externe, c'est le directeur de la communication qui en assurera la réalisation.

Pour mener cette opération avec succès, nous préconisons le processus suivant :

- Choix des chefs de projet

  Dans chaque direction, un chef de projet délégué coordonne les groupes de réflexion sur les actions à mener pour répondre aux orientations de la charte.

  Le groupe Casino, par exemple, a mis en place un comité de développement durable transverse, composé de vingt-cinq experts représentant :

  - les directions fonctionnelles (qualité, ressources humaines, achats, marketing, communication, politique de la ville, formation) ;
  - les directions opérationnelles (branche hypermarchés, branche supermarchés, branche proximité, cafétérias, centrale d'achat, logistique).

  Chez L'Oréal, la démarche de responsabilité sociale est confiée à un comité directeur développement durable regroupant des responsables des directions fonctionnelles et opérationnelles de l'entreprise. Sept groupes de travail couvrent les différentes thématiques du développement durable :

  - Vision et stratégie.
  - Gouvernement d'entreprise.

- Économie et finance.
- Recherche et développement.
- Sécurité, hygiène et environnement.
- Social et humain.
- Mécénat et partenariats.

La coordination est assurée par le directeur du développement durable.

- Communication interne

  Le contenu de la charte et le lancement des groupes de travail font l'objet d'une communication auprès de l'ensemble du personnel. Les managers en informent leurs équipes. La charte est distribuée à tous, et remise aux nouveaux arrivants. Elle est clairement identifiée sur les sites intranet et internet de l'entreprise.

- Mise en place du comité responsable du projet

  Le directeur du comité responsable du projet global coordonne les chefs de projet délégués pour le lancement des groupes de travail, le planning d'avancement et les attendus qualitatif et quantitatif. Il est le responsable de la réalisation du projet.

- Lancement des groupes de travail

  La constitution des groupes de travail dépend de la taille de l'entreprise, du niveau de mobilisation et d'implication qu'elle veut susciter. Plusieurs possibilités sont envisageables :

  - La réflexion se fait au niveau du management de chaque direction.
  - Chaque direction constitue un groupe de travail composé des représentants des différents métiers.
  - La direction organise plusieurs groupes de travail par métier.

Chaque groupe de travail est animé par un facilitateur, garant de la compréhension de la démarche et de la cohérence des propositions par rapport aux engagements stratégiques de l'entreprise.

- Évaluation des propositions

  Les propositions transmises au comité de pilotage sont sélectionnées selon plusieurs critères :

  - Délai de mise en œuvre.
  - Impact sur l'organisation et ses process.
  - Budget de financement.
  - Pertinence opérationnelle.
  - Indicateurs de suivi.

- Décision du comité de pilotage

  Après avoir entendu les arguments des chefs de projet délégués et des différentes directions, le comité délibère sur les actions retenues, et édite une première liste d'actions DRHD à mettre en œuvre dans le cadre des engagements de l'entreprise.

  L'ensemble de ce travail peut se faire sur quatre mois. Il faut que le management se sente investi de cette mission et qu'il se donne les moyens, avec l'appui des chefs de projet, de conduire cette démarche structurée.

- Communication sur les actions opérationnelles retenues et sur les critères d'évaluation

  Chacun des engagements de la charte se traduit, sur le terrain, par un certain nombre d'opérations. La communication sera donc chargée de préciser, direction par direction, quelles sont les actions attendues, dans quels délais, et sous l'autorité de quel responsable.

- Communication permanente sur les actions mises en œuvre et les résultats obtenus

  Quelle que soit la taille de l'entreprise, une communication transparente sous forme de retour d'expériences est nécessaire pour crédibiliser l'action dans le temps et maintenir la mobilisation de tous les acteurs :

  - Le journal interne du DRHD : Les grandes entreprises peuvent publier trimestriellement un journal interne du DRHD, avec interviews des intervenants et tableau de bord des actions menées. Rédigé par le personnel, ce journal doit être participatif, illustratif et vivant.

- La lettre de la direction : La direction générale peut faire annuellement une communication écrite sur l'évolution du DRHD dans l'entreprise, avec ses réussites, ses retards et ses échecs. Elle présente un bilan avec des perspectives pour l'avenir et donne un *feedback* à l'ensemble du personnel sur leurs réalisations et les impacts obtenus.
- Le rapport annuel social et environnemental : Outil de communication externe, il est destiné aux actionnaires.
- Le site internet : Accessibles à tous – clients, acteurs externes et internes –, les informations sur les actions menées ont un effet fédérateur.

Quel planning réaliste se fixer ?

Un projet DRHD est une vision à long terme, une vision partagée, porteuse de sens. C'est un travail d'équipe, une course de relais. Il ne peut être l'œuvre d'un seul, sous peine de s'enliser à jamais.

Quelles sont les étapes à franchir ? Dans quel délai ? Les avis divergent.

Pour certaines entreprises, comme Lafarge, la progression sur la route du développement durable s'apparente à un marathon. En 2001, ses dirigeants ont publié leur premier rapport de développement durable, considéré par beaucoup de parties prenantes comme un bon départ. L'image de la course de fond a guidé leur approche, en termes de management comme en matière de *reporting*. Depuis, ils ont décidé de limiter le nombre de nouveaux objectifs, afin de concentrer leurs efforts sur la consolidation des projets amorcés. La cohérence et la vision d'ensemble sont préférables à l'abondance de changements.

Un planning pertinent et réaliste, suivi et actualisé dans le temps, est communiqué aux acteurs et devient le tableau de bord qui guide l'action.

3.1.4 Exemple d'une charte DRHD

Pour concrétiser nos propos, nous vous proposons tout au long de ce livre l'exemple fictif de l'entreprise de Daniel Durand. C'est une entreprise de 1 850 personnes dans le secteur du bâtiment. Ils sont multi-sites et développent une activité à l'international. M. Durand est le responsable DD de cette entreprise. La charte DRHD présentée est fictive. Il s'agit d'une charte « idéale » qui va servir de support à notre réflexion.

Le livre étant orienté sur le développement des ressources humaines durables, nous ne détaillerons pas, dans l'exemple ci-dessous, les axes stratégiques et opérationnels vis-à-vis de l'environnement, du sociétal, des clients, des fournisseurs et des actionnaires. Nous aborderons plus spécifiquement la relation aux salariés.

Exemple de l'entreprise de Daniel Durand : La charte DRHD

Notre vision

Le DRHD est un engagement responsable et réciproque de toutes les parties prenantes. L'entreprise s'engage à respecter son environnement et ses partenaires, à tout mettre en œuvre pour développer la performance économique par la création de valeur globale et non par la destruction de ressources. En contrepartie, partenaires et collaborateurs s'engagent à devenir socialement responsables vis-à-vis d'eux-mêmes, de leur entreprise et de leur environnement. La coresponsabilité de chacun est la seule voie de réussite.

Nos engagements

1. **Développer une politique d'entreprise :**
   - éthique ;
   - transparente ;
   - solidaire ;
   - responsable ;
   - économiquement performante pour tous ;
   - ajustée aux évolutions de son environnement.

2. Mettre en place un comité de pilotage exécutif pour assurer la mise en œuvre de la charte.
3. Communiquer annuellement sur les actions en cours et réalisées, et les étapes suivantes.
4. Vivre des règles de fonctionnement collectives et individuelles claires et partagées.
5. Coconstruire l'ensemble des actions à mettre en œuvre avec les différents acteurs concernés.

Les engagements RH vis-à-vis des salariés

Les engagements de l'entreprise en matière de ressources humaines sont issus des groupes de travail animés par le management de la direction des ressources humaines.

1. Intégrer progressivement les entrants.
2. Participer activement à l'intégration et à la formation des jeunes.
3. Participer à l'intégration de personnes handicapées.
4. Actualiser en permanence les ressources internes.
5. Pratiquer une gestion responsable et équitable des emplois et des carrières.
6. Faire preuve de souplesse dans l'organisation du travail.
7. Prendre en compte les aspirations individuelles.
8. Prévenir la sécurité des personnes.
9. Soutenir les salariés en difficulté.
10. Valoriser la richesse intérieure.
11. Reconnaître le travail individuel et collectif.
12. Pratiquer une rémunération équitable des emplois.
13. Partager équitablement les résultats.
14. Gérer progressivement les départs.

Les actions opérationnelles pour chaque engagement de la DRH

Vous trouverez ci-dessous la liste des actions opérationnelles proposées par chaque groupe de travail. Elles permettent à chaque salarié de mieux connaître ses droits et ses possibilités d'évolution. Elles fixent aussi le cadre de coresponsabilité de chaque collaborateur. Le management de la DRH fera ensuite une première sélection des propositions, qui sera communiquée au comité de pilotage pour validation et arbitrage.

1. Intégrer progressivement les entrants

L'entreprise met en place une politique de recrutement transparente vis-à-vis des candidats. Un dispositif d'intégration et de suivi leur permet de mieux appréhender la culture de l'entreprise, ses métiers, les valeurs et règles de fonctionnement. Un tuteur assure le lien entre le nouvel embauché et l'entreprise.

- Chaque embauché a un parcours d'intégration de quinze jours pour découvrir son entreprise. Ce parcours comporte un tronc commun d'une semaine et une semaine spécifique au métier.
- Chaque embauché a pendant ses trois premiers mois d'activité un tuteur référent.
- Un document d'accueil est remis et commenté par le tuteur. Ce document intègre la charte DRHD.
- Chaque tuteur suit une formation adéquate pour accompagner son tutoré.
- Chaque embauché a un gestionnaire ressources humaines attitré, avec lequel il fait le point au minimum une fois par an.

Les engagements des salariés

- Chaque manager a le devoir d'être tuteur au moins une fois tous les cinq ans, et de suivre la formation correspondante.
- Les équipes recevant le nouvel embauché doivent tout faire pour faciliter son intégration et lui transmettre les connaissances dont il a besoin.
- Le nouvel embauché doit s'investir dans sa mission, respecter les règles de fonctionnement de l'entreprise, et s'appuyer sur son tuteur en cas de difficulté.

2. Participer activement à l'intégration et à la formation des jeunes

   L'entreprise assure son rôle éducatif et social dans l'embauche et la formation d'apprentis et de stagiaires.

   - L'entreprise s'engage à prendre et à former chaque année des apprentis et des stagiaires.
   - L'entreprise s'engage à prendre localement quelques jeunes en difficulté, motivés pour apprendre un métier.
   - L'entreprise est un partenaire actif des centres de formation d'apprentis et/ou universités d'entreprise.
   - Chaque apprenti a un tuteur formé pour l'accueillir et l'accompagner dans sa formation.
   - Chaque jeune suit le tronc commun d'intégration prévu pour les nouveaux embauchés.
   - La priorité d'embauche est donnée aux jeunes formés par l'entreprise.
   - Les critères d'embauche sont transparents et connus par les apprentis.

   Les engagements des salariés

   - Accepter d'être tuteur pour accompagner un jeune dans sa formation.
   - Tout faire pour faciliter l'intégration et la transmission des connaissances.
   - Le nouvel apprenti doit s'investir dans sa mission, respecter les règles de fonctionnement de l'entreprise, et s'appuyer sur son tuteur en cas de difficulté.

3. Participer à l'intégration de personnes handicapées

   L'entreprise est solidaire. Chaque année, elle réserve quelques postes aux handicapés.

   - Embauche régulière d'handicapés.
   - Adaptation des postes de travail à leur handicap.

   Les engagements des salariés

   - Investissement des handicapés dans leur emploi.
   - Accueil chaleureux et solidaire.

4. Actualiser en permanence les ressources humaines

L'entreprise s'engage à maintenir et à développer l'employabilité et les compétences de ses collaborateurs. Tous ont accès à des dispositifs de formation adaptés à leurs besoins et perspectives d'évolution.

- L'entreprise propose à tous les salariés un minimum de vingt-huit heures de formation annuelle.
- L'entreprise s'assure de l'employabilité cognitive des collaborateurs de faible qualification.
- L'entreprise met tout en œuvre pour maintenir l'évolution des compétences de chaque salarié.
- L'entreprise propose des parcours qualifiants et diplômants.
- L'entreprise favorise la validation des acquis d'expérience.
- L'entreprise propose une offre de formation en développement personnel en dehors du temps de travail.
- Un entretien annuel de formation est réalisé pour déterminer les besoins en développement de compétences.
- Un entretien avant et après la formation professionnelle est assuré par le manager pour aider son collaborateur à se fixer des objectifs de progression.
- L'entreprise valorise l'apprentissage par l'expérience et l'autoformation.
- L'entreprise met à disposition des salariés un centre « ressources » pour développer l'autoformation.
- L'entreprise a un budget spécifique pour favoriser la formation en cours du soir.

Les engagements des salariés

- Accepter de se former et de se remettre en question.
- Prendre à sa charge une partie de sa formation sur son temps de RTT.
- S'engager sur son développement de compétences, et utiliser les ressources proposées par l'entreprise.
- Développer sa capacité d'autoformation.

5. Pratiquer une gestion responsable et équitable de l'emploi et des carrières

L'entreprise s'engage à gérer de manière équitable les emplois et les carrières de ses collaborateurs. Chacun – en fonction de ses compétences, de son appétence et des possibilités de l'entreprise – pourra évoluer et changer de responsabilités et/ou de métier au cours de sa vie professionnelle.

- Chaque salarié a un gestionnaire de carrière, qu'il voit une fois tous les deux ans.
- Une bourse à l'emploi propose tous les postes disponibles pour le recrutement interne.
- Le salarié a accès aux référentiels de compétences des métiers de son entreprise.
- À compétence équivalente, le collaborateur est prioritaire par rapport à une candidature externe.
- Les femmes ont le même accès aux postes à responsabilité que les hommes.
- Chaque collaborateur reçoit une proposition de changement d'emploi au minimum tous les cinq ans.
- Un bilan de compétences interne est prévu pour les plus de 45 ans.
- L'expérience, la compétence et le potentiel sont autant valorisés que les diplômes.
- Une communication transparente est pratiquée sur les évolutions internes de l'emploi.
- La recherche de solutions alternatives au licenciement d'effectifs est toujours envisagée, telles que la baisse des salaires et/ou du temps de travail, le départ en préretraite...

Les engagements des salariés

– Ne pas refuser plus de deux offres de changement d'emploi.
– Être pro-actif dans sa recherche d'emploi interne.

6. Faire preuve de souplesse dans l'organisation du travail

L'entreprise ajuste son organisation aux besoins de ses clients, et met en place des dispositifs souples, favorisant le télétravail et le temps partiel pour ceux qui en font la demande.

- L'entreprise développe le télétravail.
- L'entreprise favorise le temps partiel.
- L'entreprise adapte les plannings de travail en fonction des besoins du service et de la demande client.

Les engagements des salariés

– Faire preuve de souplesse dans ses horaires de travail quand la situation l'exige.
– S'investir autant en télétravail et en temps partiel que dans un emploi à temps plein.

7. Prendre en compte les aspirations individuelles

L'entreprise reconnaît à chaque individu le droit d'exprimer et de vivre ses aspirations individuelles. Dans la mesure de ses moyens, elle favorise et accompagne les projets individuels.

- L'entreprise favorise les actions humanitaires de ses salariés.
- L'entreprise sert de portage à des projets de création.
- L'entreprise facilite l'accès aux bilans de compétences, à des formations qualifiantes, au congé individuel de formation, au congé sabbatique, au congé parental…
- L'entreprise pratique le mécénat et le sponsoring interne.
- L'entretien annuel intègre une rubrique sur les aspirations du collaborateur.

Les engagements des salariés

– Rendre compte à l'entreprise de la concrétisation du projet et de l'expérience acquise.

8. Prévoir la sécurité des personnes

L'entreprise se sent responsable de la sécurité de son personnel. Elle anticipe les risques de danger potentiels et investit dans la sécurité des postes de travail.

- L'entreprise investit dans les démarches « qualité » visant à l'amélioration de la sécurité des personnes.
- Elle tient compte des recommandations des membres du CHSCT (Comité d'hygiène de sécurité et des conditions de travail).
- Elle propose des formations spécifiques à la sécurité.
- Elle suit des indicateurs de sécurité tels les arrêts maladies, les accidents professionnels, les incidents matériels, les remontées de dysfonctionnements techniques…

Les engagements des salariés

– Suivre les formations sur la sécurité et mettre en œuvre les consignes de sécurité proposées.

– Faire remonter au CHSCT les dysfonctionnements susceptibles d'impacter l'intégrité physique des personnes.
– Être les premiers acteurs de leur sécurité et suivre scrupuleusement les procédures de sécurité.

9. Soutenir les salariés en difficulté

L'entreprise est solidaire de ses salariés en difficulté, et propose des actions de soutien pour les aider à sortir de l'impasse.

- Mettre en place un numéro vert confidentiel pour que les salariés s'informent sur des aspects juridiques, sociaux et médicaux.
- S'appuyer sur une cellule psychologique pour faire face à des situations de crise, de violence, d'accidents graves…
- Faire une information auprès des salariés sur le danger de l'alcool, du tabac, des drogues…
- Ne pas licencier un collaborateur en situation de difficulté personnelle sans lui avoir donné une chance de se ressaisir.

Les engagements des salariés

– Faire appel aux cellules de soutien dès que la situation personnelle et/ou professionnelle risque de mettre en danger sa santé et de dégrader fortement son travail.
– Accepter de mettre en œuvre les prescriptions des spécialistes pour endiguer le problème et sortir de l'impasse.

10. Valoriser la richesse intérieure

L'entreprise a conscience du potentiel créatif de ses collaborateurs. Elle met en œuvre un management qui favorise l'expression et la valorisation de cette richesse intérieure.

- L'entreprise met en place un dispositif pour tenir compte des bonnes idées de son personnel.
- L'entreprise réalise une capitalisation des bonnes pratiques et les diffuse en interne.
- Le management favorise l'autonomie et l'expérimentation.
- L'entreprise investit en permanence dans la recherche/action.
- L'entreprise rémunère les meilleures idées.

Les engagements des salariés

– Participer activement à l'innovation au sein de son métier.

– Développer sa capacité d'expérimenter d'autres savoir-faire et comportements.
– Partager ses savoir-faire avec ses collègues.

11. Reconnaître le travail individuel et collectif

L'entreprise cherche à distinguer l'investissement et les résultats individuels et collectifs en mettant en place des systèmes appropriés d'évaluation et de reconnaissance.

- Le management fixe des objectifs qualitatifs et quantitatifs partagés individuellement et collectivement.
- L'évaluation prend en compte différents critères tels que la contribution du salarié au collectif, sa progression professionnelle, son état d'esprit, son respect des principes DRHD, l'atteinte de ses objectifs.
- Des primes sont accordées chaque année pour récompenser ceux qui ont su s'impliquer, atteindre leurs objectifs et faire progresser leur entreprise dans ses prestations.

Les engagements des salariés

– S'impliquer pour le collectif et non uniquement pour soi.
– Être transparent et honnête dans la réalisation de ses objectifs.

12. Pratiquer une rémunération équitable des emplois

L'entreprise s'engage à harmoniser les rémunérations par métier en tenant compte des compétences et des responsabilités. Cette harmonisation se fait au plus près du terrain en intégrant les données du marché par secteur d'activité. Pour respecter l'équité interne, l'entreprise s'assure que les écarts de rémunération pour un même métier sont inférieurs à 20 %.

- Mise en place d'une étude sur la politique de rémunération pratiquée au sein de l'entreprise.
- Détermination par métier de la fourchette haute et basse des rémunérations pratiquées.
- Remise à niveau des salaires les plus bas pour les mettre sur le médian de leur ligne métier.
- Harmonisation des primes variables.
- Établissement d'une rémunération composée d'un salaire fixe et d'une variable équivalente à 20 % de son fixe.
- Calcul de la variable à partir de l'implication, de la contribution et des résultats obtenus par chaque salarié.

- Transparence du mode de calcul de la variable.
- Communication aux actionnaires de la rémunération des dirigeants.

Les engagements des salariés

– S'impliquer au mieux pour obtenir la meilleure rémunération variable possible.
– Développer ses compétences et prendre des responsabilités pour améliorer sa rémunération.

13. Partager équitablement les résultats

L'entreprise associe ses salariés aux résultats annuels. Elle facilite l'accession à l'actionnariat d'entreprise. Elle sollicite les collaborateurs pour faire preuve de solidarité collective dans le cas où les résultats seraient négatifs et où il faudrait baisser les charges pour équilibrer les comptes.

- Mise en place d'un plan épargne entreprise.
- Mise en place d'achat de stocks-options.
- Prime exceptionnelle sur le résultat annuel.
- Rémunération des actionnaires.
- Provision d'une partie du résultat pour anticiper une situation de crise ou le développement de l'entreprise.
- Communication transparente des résultats.

Les engagements des salariés

– Accepter de baisser momentanément leur rémunération pour sauvegarder les emplois et l'intégrité financière de l'entreprise.

14. Gérer progressivement les départs

De nombreuses entreprises vont devoir gérer en masse les départs de salariés issus du baby boom. Les DRH vont devoir faire face à plusieurs difficultés :

- assurer la transmission des connaissances ;
- évaluer les besoins en matière de compétences et de recrutement ;
- étaler les départs dans le temps ;
- maintenir la motivation des plus 55 ans dans leur activité professionnelle.

Dans le cadre du DRHD nous avons vu comment, au travers du tutorat, de l'apprentissage et d'un meilleur accompagnement des nouveaux recrutés, l'entreprise pouvait en partie répondre à ces problèmes. D'autres mesures complémentaires nous semblent importantes pour préparer ces départs en masse dans de meilleures conditions :

- Un séminaire de préparation à la retraite dans l'année qui précède le départ ;
- La mise en place d'un dispositif de formalisation des savoirs détenus par ces personnes ;
- La possibilité pour les plus de 60 ans de continuer leur activité professionnelle jusqu'à 65 ans ;
- Une flexibilité du temps de travail pour les plus de 55 ans.

Les engagements des salariés

- Accepter de baisser leur rémunération de manière proportionnelle à la diminution de leur temps de travail.
- S'engager à formaliser et à transmettre leurs savoirs à leurs successeurs.

Ce chapitre met en avant la difficulté de passer de la bonne intention à la mise en œuvre. Les engagements écrits ne valent rien sans les actions qui les accompagnent. Pour réussir une politique DRHD, l'entreprise doit faire preuve de cohérence, générer la participation de tous les acteurs et assurer un accompagnement et un suivi dans le temps. Dans la liste d'actions détaillées ci-dessus, vous pourrez déjà inventorier tous les dispositifs existants dans votre entreprise. À partir de ce constat, vous évaluerez le chemin qui vous reste à parcourir pour développer un réel développement des ressources humaines durables.

IDÉES CLÉS

La démarche DD des entreprises est plus orientée vers l'externe que vers l'interne.

Le double projet économique et social d'Antoine Riboud, présenté en 1974, est précurseur des fondements du DRHD et du dialogue social.

Chaque salarié doit se sentir acteur, sujet et coauteur du DRHD.

Une charte DRHD engage l'ensemble des acteurs de l'entreprise. À titre individuel, chacun doit comprendre ses droits et prendre conscience de ses devoirs.

Les contraintes externes sont souvent les déclencheurs d'investissements dans le DD, plutôt que des convictions écologiques, économiques ou humanistes.

La mise en œuvre du DRHD implique une gestion fine des intérêts divergents et contradictoires des différentes parties prenantes.

L'arbitrage entre les différentes parties prenantes conduit souvent à des inégalités de traitement et des incohérences entre les différents pôles du DD.

Pour obtenir une véritable synergie et cohérence entre l'ensemble des acteurs, l'entreprise doit traiter simultanément l'interne et l'externe.

Un projet DRHD traduit une vision d'une entreprise, dont la concrétisation est programmée dans le temps, avec des étapes clairement identifiées et connues de tous.

3.2 Une culture d'apprenance

Le développement durable des ressources humaines signifie que l'entreprise reconnaît l'existence de son potentiel humain, et s'engage dans le développement et dans la sauvegarde de ce patrimoine immatériel. La notion même de durable souligne la nécessité d'actualiser en permanence le potentiel des individus.

Nous aborderons dans ce chapitre certains concepts de l'apprenance et de l'organisation apprenante pour montrer en quoi le développement de la capacité des personnes à apprendre à apprendre, à prendre en charge leur apprentissage et pas simplement à acquérir des connaissances, est un pilier essentiel de la mise en œuvre du DRHD.

3.2.1 Qu'est-ce que l'apprenance ?

Développer les ressources humaines de son entreprise est un acte responsable, qui répond aux besoins du présent et prépare aux perspectives de développement. Encourager le salarié à passer du statut de collaborateur dépendant à celui de collaborateur autonome et créateur de richesse ne se décrète pas, mais demande un management responsabilisant, et une organisation qui soutienne et développe l'apprenance de ses collaborateurs.

Le terme « apprenance » est peu connu en France. Pour Hélène Trocmé-Fabre[1], l'apprenance est avant tout un statut d'acte existentiel. En apprenant, la personne accepte le risque de changer.

Dans le mot apprenance, il y a le suffixe « –ance » qui veut dire « en charge de ». Nous pourrions dire que l'apprenance, c'est avoir la charge de l'apprentissage. L'apprenance, c'est tout ce qui est mis en place pour permettre à une personne de trouver du sens à l'acte d'apprendre.

Pour Gilles Deleuze[2] les logiques du sens font ressortir le rapport de moi à moi, de moi aux autres et de moi au monde.

Pour Daniel Belet[3], le paradigme de l'apprenance met l'homme au centre de la dynamique du développement de l'entreprise. Ce modèle de l'apprenance s'inscrit dans le cadre de l'évolution économique de nos sociétés, caractérisée par la dématérialisation des actifs, la place croissante des services, l'impact des NTIC, mais surtout par la reconnaissance de la valeur des savoirs, des savoir-faire et des talents des hommes.

À travers ces différents auteurs, nous pouvons nous interroger sur l'entreprise en tant que lieu d'apprenance ou lieu de formation.

1. Auteur de nombreux ouvrages sur le développement de l'apprenance, notamment *J'apprends donc je suis,* Éditions d'Organisation, 1994.
2. Gilles Deleuze, philosophe français (1925-1995), auteur de nombreux ouvrages dont *Logique du sens,* Éditions de Minuit, 1969.
3. Daniel Belet, *Devenir une vraie entreprise apprenante : les meilleures pratiques,* Éditions d'Organisation, 2002.

Nombreuses sont celles qui privilégient la transmission des connaissances par rapport à la valorisation de l'expérience et au développement de l'autonomie d'apprentissage.

Il existe un lien étroit entre le vivant, l'apprenance et la durabilité. Un système vivant est un système qui interagit en permanence avec son environnement. Pour durer, il doit être capable de « s'ajuster » à cet environnement et non de « s'adapter ». Pour s'ajuster, une personne doit tenir compte à la fois de ses besoins personnels et de ceux de son environnement. Lorsqu'elle s'adapte, elle fait des concessions, néglige ses propres besoins ; elle devient réactive, et sa vie finit par ne plus avoir de sens.

La métaphore de la grenouille, issue du livre de Peter Senge[1], illustre comment l'adaptation peut, *in fine*, nous conduire à notre perte. Imaginez que vous plongiez une grenouille dans une grande casserole d'eau froide. Elle s'y sent à l'aise et peut se détendre. Puis vous allumez le feu et l'eau commence à tiédir. La grenouille se sent bien et s'adapte petit à petit à la chaleur grandissante de l'eau. Soudain, l'eau frémissante commence à fortement chauffer. La grenouille ne peut plus s'adapter et veut sortir de l'eau. Mais il est trop tard. Elle est tellement épuisée par ses adaptations successives qu'elle n'a plus la force de sauter et meurt ébouillantée. L'être humain, tout comme la grenouille, s'adapte à la routine, à l'inconfort, jusqu'à ce qu'il ne puisse plus le supporter. C'est à ce moment-là qu'il devrait rassembler toutes ses forces pour sortir de cette situation de crise, mais il se sentira si épuisé qu'il en sera incapable.

S'ajuster, au contraire, nécessite beaucoup de créativité et une grande capacité d'auto-organisation. Cela nécessite de développer sa capacité d'apprendre à apprendre au contact de son environnement.

1. Peter Senge – professeur au MIT et auteur du best-seller *La Cinquième Discipline (le guide du terrain), Editions* First, 2000 – est un théoricien pionnier en innovation managériale.

Être vivant, c'est être en contact permanent avec son environnement dans un ajustement créateur. Charles Gellman et Chantal Higylang[1] l'expriment autrement : « Dès que nous perdons contact avec notre environnement, notre potentiel de vie diminue. »

Le concept d'ajustement est lié au concept de liberté et de responsabilité individuelle. En tant qu'individus, nous sommes responsables de nos actes et nous sommes libres d'interagir avec notre environnement comme bon nous semble. C'est dans l'expression de ce choix que nous pouvons grandir et nous développer, ou dépérir et mourir. Notre histoire peut devenir notre tombeau si nous ne savons pas l'actualiser à la lumière du présent et aux besoins futurs de notre environnement.

3.2.2 Apprenance et formation

Comment les entreprises peuvent-elles mobiliser leurs collaborateurs sur le thème du développement durable si elles ne se préoccupent pas de leur employabilité et leur potentiel créatif ? Pourquoi l'entreprise maintient-elle le culte du diplôme au détriment de la valeur de l'expérience ? En quoi l'autonomie d'apprentissage individuel et collectif est-elle un facteur de risque pour la gourvernance d'entreprise ? Pourquoi les responsables de formation et les DRH ont-ils si peu de connaissance sur l'andragogie et l'apprenance ? Malgré l'investissement croissant des entreprises dans la formation, pourquoi les collaborateurs sont-ils aussi peu autonomes dans le développement de leurs compétences ?

Pour de nombreux managers et responsables RH, agir et apprendre sont liés, mais il ne suffit pas de « faire pour apprendre ». Nous apprenons beaucoup « dans » et « par » l'action, mais au fil du temps, habitudes et routine érodent notre faculté d'apprentissage. Aujourd'hui, les entreprises qui développent une culture appre-

1. Auteurs, notamment, de *L'Art du contact,* Éditions d'Organisation, 2003.

nante créent les conditions nécessaires pour permettre aux salariés de transformer chaque situation professionnelle en situation d'apprenance.

Les acquis expérienciels représentent un bien immatériel précieux à capitaliser. Or, dans notre culture française, on n'accorde pas à l'expérience la même valeur qu'à la connaissance. Malheureusement, aujourd'hui, de plus en plus de personnes expérimentées – des hommes d'action – passent du statut de professionnels confirmés au statut de personnes dépassées, n'ayant pas su évoluer au même rythme que leur environnement. Il leur faut donc réapprendre à s'ajuster, à faire l'apprentissage de nouvelles pratiques et de nouveaux comportements plus proches de leur environnement. Cadres et managers en ont assez de se former à « toujours un peu plus de la même chose ». Ils recherchent dans la formation plus de concret, plus de pratique, plus d'aide à une mise en œuvre opérationnelle, tenant compte à la fois de leur expérience et de leur contexte.

Longtemps, la formation continue a été dans le prolongement de la formation initiale car elle mettait la connaissance au cœur de l'apprentissage. Aujourd'hui, le développement d'une culture d'apprenance implique de positionner l'apprenant et son expérience au cœur de son apprentissage, en le rendant acteur et auteur de son développement de compétence.

3.2.3 Développer les conditions d'apprenance

Toute entreprise est un système vivant. Si elle se coupe de son environnement, elle finit par disparaître. C'est le cas des grandes entreprises monopolistiques, qui ont perdu de vue l'évolution de leur environnement et dont l'offre est devenue obsolète. Autrement dit, toute entreprise se doit d'être une « entreprise apprenante ». Peter Senge distingue l'apprentissage de survie, dit « adaptatif », de l'apprentissage de croissance, qu'il nomme « génératif ». Une organisation axée sur l'apprentissage génératif cherche à créer son propre avenir de manière durable. Elle considère l'apprenance comme un processus continu et créateur, qui évolue en fonction des besoins et des aspirations des différents acteurs, tant internes qu'externes. Ce processus s'effectue à tous les niveaux, individuel, collectif et organisationnel.

À partir d'une étude menée auprès de quatre cents entreprises réparties dans quarante pays, les auteurs de *Organizational Learning Capability*[1] ont identifié les deux grandes compétences permettant aux entreprises de développer leur capacité d'apprendre : générer et généraliser des idées. Dans notre vision du vivant, nous avons décidé de traduire ces deux compétences en « savoir innover » et « savoir partager ». Toutefois, si l'entreprise est déconnectée de son environnement, l'efficacité économique ne sera pas au rendez-vous. Nombre d'entreprises innovantes, leaders dans leur secteur, ont disparu faute d'avoir anticipé les nouveaux besoins du marché. Ainsi, avec l'arrivée de l'électricité, le leader de la fabrication de bougies a vu son entreprise péricliter.

Pour créer les conditions d'une culture d'apprenance, nous proposons de développer quatre macros compétences, qui recouvrent les actes fondamentaux du vivant :

1. Savoir se relier à son environnement.
2. Savoir innover pour s'ajuster en permanence à son environnement.
3. Savoir partager pour devenir plus fort et apprendre ensemble.
4. Savoir se réorganiser pour permettre au système d'évoluer en intégrant les apports des premières macros compétences.

3.2.4 Quatre macrocompétences pour durer

Une entreprise qui n'apprend plus est une entreprise en survie et en chômage cognitif[2], étape ultime avant les plans de licenciements.

---

1. Arthur Yeung, Dave Ulrich, *Organizational Learning Capability*, Oxford University Press, 1999.
2. Terme développé par Hélène Trocmé Fabre dans ses derniers ouvrages.

Pour lutter contre ce fléau de la désertification de l'intelligence collective et de l'innovation, il est urgent que les entreprises développent ces quatre piliers du vivant et les appliquent aux trois niveaux d'apprentissage.

Savoir se relier

Nous avons vu précédemment l'importance de savoir s'ajuster à son environnement, et donc de développer sa capacité de reliance. C'est dans la reliance que l'énergie circule, que les changements se font, que l'apprentissage se réalise. Se relier c'est :

- être en contact permanent avec son environnement, les autres et soi-même ;
- apprendre à construire avec les autres ;
- relier plutôt qu'opposer ;
- dialoguer plutôt que discuter ;
- donner et recevoir du *feedback*.

Pour développer cette macrocompétence, l'entreprise peut mettre en œuvre les actions suivantes :

Macrocompétence	Individuel	Collectif	Organisationnel
Savoir se relier	Séminaire sur Donner et recevoir du *feedback*. L'art du contact. L'utilisation du 360°. Évaluation bilatérale.	Séminaire sur La pratique du dialogue. La transmission des informations…	Veille sociale et prospective. *Benchmarking*…

Les pièges à éviter

L'idéalisation de la réussite passée représente l'un des freins majeurs à la reliance. L'entreprise prend le risque de se couper de son environnement et de s'enfermer sur elle-même, ses représentions, ses routines d'action…

À l'opposé, si l'entreprise est trop perméable aux mouvements de son environnement, elle prend le risque de perdre son identité, de multiplier les changements de cap et de perdre sa ligne d'horizon.

Pour être en permanence reliée à son environnement, L'Oréal mène sept types de veille[1] :

- Sociétale : positionnement des femmes en l'an 2000, effet du vieillissement de la population sur les marchés…
- Concurrentielle : intérêt des concurrents pour les nouvelles technologies, évolution des frontières entre les secteurs santé, beauté…
- Géopolitique : évolution des champs de force suite à l'effondrement du bloc de l'Est.
- Technologique : nouvelles molécules développées aux États-Unis et au Japon, recherche japonaise en biotechnologies…
- Commerciale : évolution de la distribution : téléshopping, Internet…
- Législative : état de l'unification européenne sur le domaine de la santé, diminution des dépenses de santé en Allemagne.
- Géographique : identification de nouvelles opportunités de marché – Chine, Inde – ; comment atteindre des cultures éloignées.

Savoir innover

Innover c'est créer du neuf, et c'est le propre du vivant. C'est l'étape des découvertes et de l'émergence de nouveaux concepts, de nouveaux points de vue, de nouveaux comportements, de nouvelles réalisations, de nouvelles actualisations[2].

1. Robert Salmon et Yolaine de Linares, *L'Intelligence compétitive,* Éditions Economica, 1997.
2. Hélène Trocmé Fabre, *Réinventer le métier d'apprendre,* Éditions d'Organisation, 1999.

Pour innover, il faut sortir du cadre habituel, trouver des solutions ajustées aux nouveaux besoins de l'environnement. Force est de constater que la capacité des hommes de terrain à réagir aux besoins des clients internes et externes est beaucoup plus forte que la capacité des fonctionnels à remettre en question des procédures qu'ils n'ont plus testées de manière opérationnelle depuis longtemps.

Souvent, des salariés entrepreneurs prennent le risque de ne pas respecter la procédure et la norme en vigueur pour obtenir de meilleurs résultats. Ils font fi de la peur du responsable hiérarchique, qui préfère se tromper que de transgresser les directives.

Pour John Seely Brown[1] : « L'innovation se situe à tous les niveaux de l'entreprise, partout où les salariés doivent affronter des problèmes, réagir à des événements imprévus ou réussir malgré la rupture des procédures consacrées. »

Innover, c'est repousser constamment les limites du connu, se confronter aux autres, prendre des risques, oser expérimenter. Il faut sortir du cadre pour apporter des innovations à forte valeur ajoutée, remettre en question ses représentations.

Pour les auteurs de *Organizational Learning Capability,* l'innovation s'appuie sur deux axes : la nature de l'idée et le mode de recherche des idées. S'il s'agit d'une idée pour améliorer l'existant, on se situe dans un changement sans rupture ; s'il s'agit d'une idée totalement novatrice, on se situe dans un changement avec rupture. Va-t-on, pour trouver de nouvelles idées, plutôt privilégier l'interne et/ou s'inspirer de l'extérieur ?

Le croisement de ces deux dimensions mène à quatre styles d'apprentissage, tels que le montre le schéma ci-dessous.

1. John Seely Brown, *Le Knowledge Management,* préface de Jacques Chaize, ouvrage collectif ; Paris, Éditions d'Organisation, 1999.

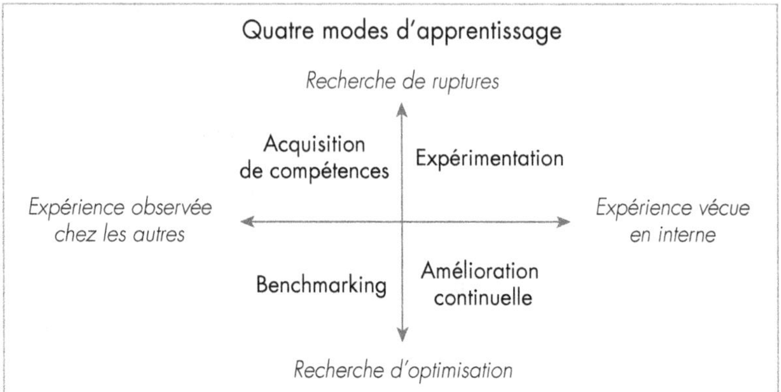

Quatre modes d'apprentissage

Recherche de ruptures

Expérience observée chez les autres			*Expérience vécue en interne*
	Acquisition de compétences	Expérimentation	
	Benchmarking	Amélioration continuelle	

Recherche d'optimisation

Tiré du livre *Organizational learning capability*

Générer des idées

Pour créer une culture d'innovation, il est possible de recruter de nouveaux profils ou de promouvoir des personnes un peu atypiques, faute de quoi on risque d'entrer dans le syndrome du clonage.

Il faut également promouvoir l'expérimentation, qui est la dimension la moins valorisée dans l'entreprise. Pour cela, l'entreprise doit accepter le droit à l'erreur et être capable d'en tirer des enseignements.

Pour développer cette macrocompétence, l'entreprise peut mettre en œuvre les actions suivantes :

Macrocompétence	Individuel	Collectif	Organisationnel
Savoir Innover	Coaching. Développement des compétences. Pédagogie expériencielle…	Groupe d'analyse de la valeur. Groupe de créativité. Groupe d'analyse de pratiques. Laboratoire d'expérimentation …	Recrutement de profils atypiques. Investissement dans le R&D. Achats de brevets. Vision partagée. Écoute interne/externe.

Les pièges à éviter

Si l'entreprise développe peu le « savoir innover », elle court le risque de ne pas se renouveler. Elle créera peu de valeur globale.

Si, au contraire, elle développe trop cette compétence, elle risque de créer pour créer, sans prendre le temps de mener ses innovations à maturité.

Savoir partager

Comment capitaliser les connaissances et le savoir interne ? Comment faciliter la circulation de l'information et de la connaissance ?

La confiance est à la base du partage des connaissances. Favoriser l'innovation, c'est favoriser la transgression sous contrôle et faciliter le partage du résultat de l'expérience. Cela demande un système d'identification et de reconnaissance, individuel et collectif, qui limite au mieux les détournements d'idées au profit de personnes peu scrupuleuses.

Pour une pratique du partage des savoirs et de l'information, il faut vaincre la réticence des spécialistes à partager leur connaissance. Il est indispensable de mettre en commun les informations, car contrairement aux actifs corporels, les actifs intellectuels se valorisent à l'usage. Bien stimulées, l'intelligence et les connaissances atteignent une croissance exponentielle quand elles sont partagées.

Il y a plusieurs barrières à franchir pour partager au bon moment une connaissance, une bonne pratique :

- barrière du temps ;
- barrière de la ligne hiérarchique ;
- barrière de la transversalité ;
- barrière de la méfiance.

Il ne suffit pas d'avoir la bonne information et la bonne pratique, encore faut-il les diffuser en temps et en heure. De nombreuses vies auraient pu être sauvées, lors de la canicule de l'été 2003, si l'expérience de la canicule de juillet 1983 de la ville de Marseille avait été largement diffusée au niveau national, des protocoles simples pour venir en aide aux personnes fragiles, notamment les plus âgées.

Cette difficulté de faire circuler et de partager les bonnes idées est liée, la plupart du temps, à des résistances humaines telles que la méfiance, l'égoïsme, la non-reconnaissance, la non-écoute, l'individualisme, le mépris, la rivalité…

Pour développer cette macrocompétence, l'entreprise peut mettre en œuvre les actions suivantes :

Macrocompétence	Individuel	Collectif	Organisationnel
Savoir partager	Tutorat. Formation action. Forum intranet. Formalisation sur les supports de l'entreprise…	Cohésion d'équipe. Bilan de projet. Capitalisation d'expériences. Groupes d'échanges de pratiques. Université d'entreprise…	Organisation matricielle et en réseau. Base de *Knowledge Management,* Intranet collaboratif…

Les pièges à éviter

La non-circulation d'information ou d'idées risque d'entraîner le développement d'initiatives et d'actions non coordonnées, voire contradictoires, et aboutir au chaos. Le manque de partage et d'enrichissement mutuel peut également conduire l'entreprise à la sclérose et la faire dépérir.

Trop de partage d'informations, sans discernement, risque de noyer l'autre sous une masse d'informations.

Savoir se réorganiser

Fortement influencée par la « théorie de Santiago[1] », Margaret Wheatley[2] rappelle que tout système vivant a la capacité de « s'auto-organiser ». Quand un système vivant est fortement perturbé par une modification de son environnement, il s'ajuste en intégrant les nouveaux paramètres.

Cette macrocompétence – « se réorganiser » – se confronte en permanence aux rigidités du système : règles strictes, structures et descriptions de tâches rigides, forte hiérarchisation…

Pour Margaret Wheatley, si nous voulons transformer nos organisations : « Nous devons cesser de décrire les tâches et plutôt faciliter les processus. Nous devons devenir maîtres dans l'art de créer des relations, de favoriser la croissance et l'évolution des systèmes. Nous devons développer notre capacité d'écoute, de communication, d'apprentissage et de travail en équipe. »

Le manque de souplesse des entreprises, notamment des grandes, les empêche de s'ajuster à leur environnement et de déployer collectivement les expérimentations réussies localement. C'est toute la difficulté de transférer une bonne pratique individuelle au niveau de l'organisation.

Cette faible capacité des organisations à se remettre en question oblige les opérationnels à transgresser en permanence son cadre strict pour s'ajuster aux besoins de leurs clients et de leur environnement.

Nous rencontrons également des résistances au niveau des individus et des équipes qui refusent la réorganisation nécessaire par peur de l'inconnu et du changement. Plus les routines sont installées, plus les changements sont douloureux et longs à mettre en place.

Pour développer cette macrocompétence, l'entreprise peut mettre en œuvre les actions suivantes :

---

1. Théorie de la cognition élaborée par les biologistes chiliens Humberto Maturana et Francisco Varela.
2. Margaret Wheatley, *Leadership and the New Science,* Berret-Koehler Publishers, 1999.

Macrocompétence	Individuel	Collectif	Organisationnel
Savoir se réorganiser	Accompagnement individuel. Développement personnel. Écoute interne…	Cohésion d'équipe. Travail d'équipe sur comment se réorganiser…	Organisation en réseau. Fiches de mission plutôt que de fonction. Système d'information évolutif…

Les pièges à éviter

Une faible capacité de réorganisation entraîne des rigidités qui conduisent à la paralysie du système. Nous en faisons l'expérience en tant que salarié, mais également en tant que citoyen. Une succession de refus de changements conduit généralement le système à imploser de l'intérieur.

À l'inverse, trop de restructuration nuit. Le système n'a plus le temps de se poser, de trouver ses marques, et de maintenir des relations stables avec son environnement.

3.2.5 Avez-vous une culture d'apprenance ?

Investir dans la formation des salariés n'implique pas que l'entreprise développe une culture d'apprenance.

Votre entreprise répond-elle aux caractéristiques d'une entreprise apprenante ? Sur une échelle de 1 à 10, évaluez chacun des items ci-dessous :

- L'expérience est autant reconnue que le diplôme.
- Chaque salarié suit annuellement une formation.
- L'apprentissage par l'expérience est développé dans les formations.
- La capacité d'apprendre est une valeur reconnue.
- L'innovation est encouragée à tous les niveaux.
- L'échec est valorisé comme source d'apprentissage.

- Les acquis d'expériences sont reconnus.
- Le manager est le premier RH de son unité.
- La coopération est privilégiée par rapport à la compétition.
- Le bilan sur l'action est encouragé.
- Les changements sont vécus comme des opportunités.
- L'expression de chacun est valorisée.
- L'évaluation des managers intègre leur capacité à faire grandir leurs collaborateurs.
- L'entreprise réalise une veille permanente sur son environnement.
- L'entreprise pratique le *benchmarking.*
- L'entreprise encourage la conduite de nouvelles expériences.
- L'entreprise valorise plus le dialogue que la discussion.
- L'entreprise anticipe les changements à venir au lieu de se reposer sur ses acquis.

Plus de 126 points : votre entreprise développe une culture d'apprenance, mais ce n'est pas pour autant que vous devez diminuer vos efforts.

Entre 90 points et 126 points : vous avez de bonnes bases pour vous investir dans le développement d'une culture d'apprenance. Listez prioritairement les items en dessous de 5 pour hiérarchiser vos efforts.

Entre 54 points et 90 points : vous ne croyez pas suffisamment dans vos salariés pour investir dans leur développement et leur apprentissage.

Moins de 54 points : vous devez confondre vos salariés avec des machines.

Toute entreprise qui veut se développer durablement, en mettant en œuvre les principes d'une culture apprenante, devrait suivre les recommandations suivantes :

- Intégrer la nécessité du changement.
- Développer la cohésion de la ligne hiérarchique.
- Accepter l'incertitude.
- Poser des règles de jeu explicites :
    - Accepter la pluralité des points de vue.
    - Droit à l'erreur.
    - Coresponsabilité.
    - Interdépendance et autonomie.
    - Temps d'assimilation et d'intégration.

Pour créer des fondations solides à la mise en œuvre d'une réelle politique de DRHD, l'entreprise doit se considérer comme un système vivant et non comme un système purement financier et économique.

Dans cette perspective, le concept d'entreprise apprenante apporte les fondements managériaux à toutes les entreprises qui veulent développer leurs capacités d'apprenance individuelle, collective et organisationnelle.

Il est dommage que les responsables de développement durable, de la formation et des ressources humaines fassent si peu le lien entre le vivant, le durable et l'apprenance. Pour Frijof Capra[1], tout système vivant se développe par l'intermédiaire d'un processus d'apprentissage. Sans cet apprentissage permanent, il ne peut y avoir durabilité du système. Le DRH et son équipe sont donc au cœur du vivant de l'entreprise.

1. Fritjof Capra, *Le Tao de la physique,* Éditions Sand, 1985.

IDÉES CLÉS

Ce qui devient durable, c'est la capacité des personnes à apprendre à apprendre.

Développer les RH n'est pas un acte d'humanité, mais un acte responsable qui répond aux besoins du présent, et prépare aux perspectives futures de développement.

Pour durer, tout système doit s'ajuster à son environnement et non s'adapter.

Toute entreprise est, en soi, un système vivant et, par conséquent, elle est régie par les lois du vivant.

Pour créer les conditions d'une culture d'apprenance, l'entreprise doit développer quatre macrocompétences qui recouvrent les lois du vivant : savoir se relier à son environnement, savoir innover, savoir partager, savoir se réorganiser.

4

Des actions concrètes

Dans les prochaines années, nombreuses sont les entreprises qui devront gérer à la fois le départ à la retraite d'une grande partie de leurs effectifs et faire face à une pénurie de compétences sur un marché du recrutement de plus en plus tendu. Pour le moment, les entreprises semblent plus préoccupées par la fidélisation du client externe que par la conduite d'une politique active de DRHD, pourtant indispensable à l'accroissement de la motivation des salariés et leur employabilité. Les salariés représentent encore une variable d'ajustement pour générer du profit à court terme et crédibiliser l'action d'une direction générale. Les managers sont plus évalués en fonction de l'impact immédiat de leurs décisions que sur leurs conséquences dans un futur proche. Dommage que les analystes financiers ne fassent pas la différence entre le profit à court terme et la création de valeur. Il n'est pas rare que ce profit soit construit sur de la destruction de valeur, et non le contraire.

Pour notre part, il nous semble urgent de comprendre que salariés et clients sont de plus en plus inter-reliés et représentent la véritable richesse de l'entreprise. Nous pensons que les jeunes préféreront se faire embaucher dans une entreprise développant un véritable partenariat avec ses collaborateurs et ses clients, et qu'à prestation équivalente, le client privilégiera l'entreprise qui mettra en œuvre une véritable stratégie de ressources humaines durables.

D'ailleurs, le traitement des deux cibles est quasiment le même :

- Mieux les connaître pour répondre à leurs aspirations.
- Les faire bénéficier des fruits de la croissance.
- Leur offrir la possibilité de participer à un projet citoyen (fonds éthiques, mécénat, actions humanitaires...)
- Leur proposer une offre évolutive en fonction de leur situation.

Notion d'écoconception

Cette notion pénètre de plus en plus le milieu industriel. Il s'agit d'intégrer, dès la conception d'un produit, des critères de respect de l'environnement : recyclage, économie de ressources. Dans le domaine des ressources humaines, l'écoconception s'applique dès la phase de recrutement et guide le salarié jusqu'à son départ de l'entreprise. Une grande partie du *turn-over* des nouveaux embauchés se joue la première année. C'est une phase critique dans laquelle la personne doit intégrer la culture et les valeurs de l'entreprise. Elle va également évaluer la congruence de l'entreprise entre le message du recruteur, les valeurs édictées dans la charte DRHD et la réalité du terrain. Pour réussir cette première année d'intégration, il faut que tous les acteurs de l'entreprise soient en phase. En plus du recruteur, les managers et les tuteurs sont en première ligne.

Nous envisageons les principes d'écoconception dans le domaine du DRHD selon trois axes :

- Une politique de recrutement qui maximise les chances d'intégration des nouveaux entrants : avoir une vision dynamique des postes et des compétences.
- Une politique de formation qui minimise les gabegies de compétences : apprentissage tout au long de la vie.
- Une politique d'évaluation qui débouche sur une politique de rémunération.

Une politique de DRHD prend également en compte la richesse du potentiel que représente l'ensemble des collaborateurs de l'entreprise. Elle cherche à le préserver, l'actualiser et le développer.

Préserver le potentiel

L'expérience professionnelle est un élément crucial de ce potentiel. Pour le préserver, l'entreprise valorise le professionnel expérimenté et facilite le transfert d'expérience. Dans l'industrie, notamment, on a constaté que les livres de procédures ne remplaçaient pas l'habileté et le tour de main de la personne chevronnée. Il arrive donc que l'on rappelle des retraités pour qu'ils transmettent leur expérience à leurs remplaçants.

L'entreprise va donc motiver ses salariés, les fidéliser par la reconnaissance de leurs actions, de leurs compétences et de leurs résultats.

Actualiser le potentiel

L'employabilité définit la capacité à acquérir des compétences et à s'adapter à l'environnement de son poste. Entretenir l'employabilité revient à valoriser les acquis et à développer la capacité d'apprendre à apprendre de façon permanente. C'est le défi de l'entreprise, mais également des salariés, qui sont acteurs de leur propre employabilité. Nous verrons qu'il existe également l'employabilité cognitive, grand oublié des actions RH, alors que la plupart des populations de faibles qualifications souffrent d'un chômage cognitif chronique.

Le recrutement est l'un des moyens dont dispose l'entreprise pour actualiser son potentiel humain. Dans ce cas, la ressource extérieure est préférée à l'actualisation de la ressource interne.

Développer le potentiel

Développer le potentiel, c'est permettre à une personne d'accroître ses compétences, de faire évoluer ses comportements, ses représentations. Ce potentiel est multiple. Il est professionnel, social, relationnel, spirituel… Pour faciliter le développement du potentiel, l'entreprise va agir sur la gestion des carrières, la formation et le développement personnel. Toutefois, rien ne remplacera le désir personnel d'évoluer.

Pour préserver, actualiser et développer la ressource vive de l'entreprise, nous aborderons dans ce chapitre les différents domaines RH qui impactent la vie d'un salarié et de son entreprise.

Les thèmes traités sont ceux présentés dans la charte du DRHD. Toutes les entreprises de plus de cinq cents personnes peuvent s'en inspirer. Les entreprises plus petites devront ajuster les suggestions à leur taille et à leurs besoins RH. Ces thèmes ne sont pas originaux. Seule la cohérence d'ensemble, la philosophie sous-jacente, certaines actions spécifiques et les processus de mise en œuvre vont être distinctifs et impacter les contenus, les compétences et la responsabilité individuelle et collective. C'est dans l'intégration en amont de l'écoconception que le DRH construira son DRHD, bien distinctif d'une politique traditionnelle RH.

4.1 La politique de recrutement et d'intégration

Chacun sait que les emplois en CDI se font de plus en plus rares. C'est un fait, la priorité n'est pas donnée à l'humain. Or, sans injection régulière de sang neuf, la vitalité d'une organisation diminue. Comme l'affirmait courageusement le directeur scientifique et technique d'un grand groupe industriel : « Ce n'est pas en diminuant constamment les coûts et les effectifs qu'on devient un leader mondial ! » Contrairement aux ateliers asiatiques, russes ou même américains, où les effectifs semblent pléthoriques, dans les ateliers des sites industriels français la présence humaine est faible. Existe-t-il un lien entre la densité d'un effectif et le dynamisme général d'une collectivité ?

Il faut savoir rentabiliser, mais il faut également savoir investir dans les hommes. Depuis plusieurs années, les entreprises, notamment les grandes, jouent les vases communicants entre les jeunes entrants et les moins jeunes sortants. Il s'agit d'une forme de dialyse, où l'on évacue le sang contaminé par la limite d'âge pour un sang neuf de jeunes parfois aussi désabusés que leurs aînés. Ces mêmes jeunes sont confrontés à une image de l'entreprise de moins en moins idéalisée par leurs parents et à une vision du travail qui n'est plus une source d'épanouissement et de promotion professionnelle. Il n'est pas rare qu'au cours de l'entretien de recrutement le futur embauché fasse part de son désir de préserver sa vie personnelle et de trouver un équilibre avec la vie professionnelle.

Comment donc recruter dans une perspective de DRHD ?

Quelques principes nous serviront de repères ainsi que plusieurs règles d'action.

Le premier principe peut s'exprimer ainsi : recruter pour une valorisation durable des compétences implique une vision dynamique du candidat et du poste. **C'est un principe de valorisation dynamique**.

La plupart des grands groupes industriels se préoccupent de rendre recyclables la majorité des produits et de leurs composants : un constructeur comme BMW insiste sur sa volonté de maximiser le recyclage des pièces en fin de vie. Dans le même temps, les organisations ne manquent pas de placards plus ou moins dorés : des lieux où patientent les salariés dont on ne sait finalement que faire. Ces pratiques sont parfois hypocrites, souvent improvisées, toujours dures à vivre pour les personnes concernées et coûteuses pour les entreprises.

Le deuxième principe consiste à privilégier le contenu sur l'emballage. **C'est un principe d'efficacité**.

En matière de recrutement, il s'agit de faire la différence entre le candidat rêvé et le candidat utile. Les pseudo-définitions de poste sont des alibis de méthode de sélection. Le candidat finalement recruté sera le candidat le mieux perçu, autrement dit celui qui est susceptible d'apporter un plus à l'entreprise. À ce stade, l'individu est prioritaire : l'organisation passe au second plan.

Le troisième principe vise à minimiser les déchets, autrement dit les risques d'échec. **C'est un principe d'intégration**. Il faut imaginer le nouvel embauché au sein de l'équipe qui va l'accueillir, avoir une vision d'ensemble des compétences, des personnalités et des motivations.

Tout recrutement est donc précédé d'une série d'interrogations :

- Comment le nouvel embauché s'intégrera-t-il dans son service ?
- Quel est le rôle de la nouvelle fonction dans l'organisation ?
- Quelles seront les conséquences de ces modifications sur le fonctionnement de l'entreprise ?
- Quelles réactions sont à attendre de la part du personnel ?
- Comment faciliter l'intégration au-delà des procédures nécessaires ?

Quelle que soit l'entreprise, orientée ou non sur une politique de DRHD, elle doit construire son plan de recrutement et d'intégration pour les années à venir. Ce plan doit s'élaborer d'une part en concertation avec la direction générale, pour intégrer les évolutions futures et les besoins en compétences, d'autre part avec les collègues de la formation et de la gestion des carrières, pour construire un programme d'accompagnement de ces nouvelles recrues sur les trois ans à venir.

Ceci étant, en fonction de la culture de l'entreprise, de son secteur d'activité et de sa sensibilité RH, la stratégie de recrutement pourra être diamétralement opposée car il faut distinguer les sociétés ayant une forte culture d'appartenance de celles qui ont perdu, au fil du temps, leur raison d'être et leur identité.

Les premières sont généralement des entreprises qui combinent longévité avec une certaine fierté de leur mission et des valeurs qu'elles affichent. Nous pouvons prendre comme exemple certaines entreprises mutualistes comme la GMF, du BTP comme Bouygues, des SSII comme Unilog, de la banque comme le Crédit agricole, de la distribution comme Casino, le service public comme EDF… Les deuxièmes sont issues des fusions, absorptions, rachats, ventes en tout genre et sont des spécialistes de la dialyse et de la diminution de ressources.

Au-delà de cette culture d'appartenance, le niveau d'expertise dont l'entreprise a besoin va orienter sa politique de recrutement. Les cabinets conseils, les banques d'affaires, les SSII, les bureaux d'études sont des sociétés à forte valeur ajoutée. Leur approche du recrutement est différente de celle d'une entreprise dont le niveau d'expertise est moindre, comme pour certaines entreprises industrielles ou de services.

Les entreprises à forte culture d'appartenance sont sans doute mieux armées que les autres pour mener une stratégie de recrutement et d'intégration orientée DRHD. D'ailleurs, une partie du recrutement se fait par cooptation et souvent de manière filiale. Ce sont des entreprises qui ont un taux d'attractivité supérieur à la moyenne. Leur réputation identitaire et leur notoriété professionnelle en font des entreprises convoitées par les jeunes.

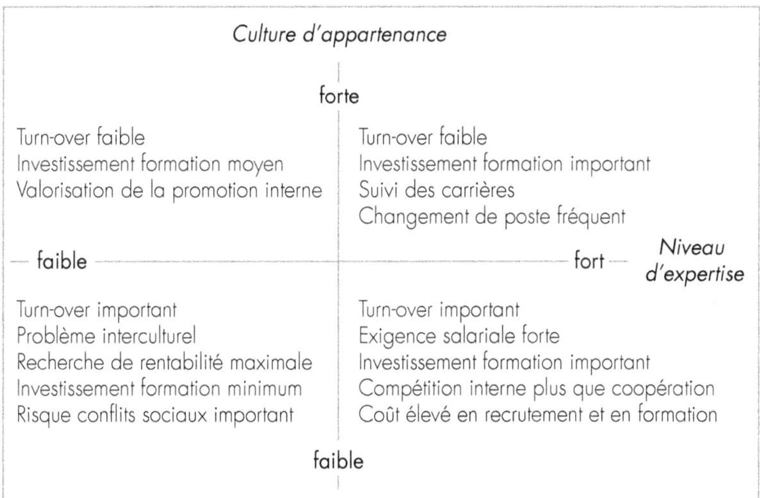

Impacts de chaque profil sur les RH

4.1.1 Les conditions de réussite du recrutement

Quels sont, pour les cinq prochaines années, les profils que l'entreprise doit recruter en termes de compétences et de potentiels ? Combien de personnes dans chaque profil ? Comment les attirer ? Quelle campagne de communication mettre en place ? Quelle politique de rémunération et d'accompagnement mettre en œuvre ? Comment anticiper les besoins en compétence ? Comment décentraliser le recrutement au niveau des lignes opérationnelles ? Autant de questions que beaucoup d'entreprises se posent. Souvent, la profondeur du questionnement en termes de prospective et la prise en considération de la valeur immatérielle que représentent la compétence et le potentiel d'une personne vont apporter des réponses soit ponctuelles et structurelles, soit stratégiques et anticipatrices. Une entreprise DRHD sera dans le second cas de figure.

Pour quels besoins ?

Aussi banale soit-elle, la première question à se poser est de savoir pourquoi l'entreprise recrute et pour quel type de besoins :

- Pour faire face à une forte croissance.
- Pour anticiper les évolutions à venir.
- Pour renouveler les départs.
- Pour apporter des profils en rupture à l'existant.
- Pour équilibrer la pyramide des âges.
- Pour acquérir une compétence rare…

Quels profils ?

Ensuite, en fonction des besoins identifiés, la question du profil est primordiale. De nombreuses entreprises se sont fourvoyées dans le recrutement de jeunes très diplômés, en associant diplôme à potentiel. Elles ont été confrontées à un turn-over important, car ces jeunes, dits « à haut potentiel », veulent tout de suite un poste correspondant à leurs compétences. Ils souhaitent changer de poste tous les deux ans et ont le sentiment de perdre leur temps dès qu'ils ne sont plus en situation d'apprentissage et de progression.

Recruter est un exercice difficile. Il n'est pas rare d'entendre les responsables dire que leur entreprise recherche des jeunes, créatifs, ayant voyagé, avec des parcours atypiques et un caractère affirmé. Ils oublient souvent de mentionner que ces jeunes doivent aussi avoir bac + 4, parler au minimum deux langues étrangères et avoir deux ans d'expérience professionnelle. Une fois ce premier tri réalisé, elles vont examiner ce qui différencie ces jeunes candidats et retenir celui qui s'intégrera aisément dans la culture de l'entreprise. À force de recruter les mêmes profils, les entreprises n'ont pas réellement renouvelé les forces novatrices de leurs futurs managers.

Entre 2005 et 2010, une partie importante de la population active sera en mesure de prendre sa retraite. Cela signifie que les entreprises ne pourront trouver les compétences dont elles ont besoin. Face à cette pénurie, les entreprises purement financières pratiqueront la surenchère salariale pour recruter et fidéliser les candidats.

Les entreprises n'ont guère anticipé cette situation. Elles fonctionnent en flux tendu et utilisent la variable de la masse salariale pour équilibrer leurs charges et sortir le résultat promis aux actionnaires.

En revanche, une entreprise DRHD travaille dans une perspective de performance sociale et économique durable. Ses actions sont multiples, croisées et créatives. Elle possède une culture identitaire forte. Elle développe la promotion interne, la formation des jeunes, la transmission des connaissances, l'intégration de personnes handicapées, d'apprentis…

Exemple de l'entreprise de Daniel Durand : Intégration et recrutement

L'équipe département Emploi-Formation-Carrière (EFC), dirigé par Mme Dominique Dulac, met en œuvre les quatre étapes du cycle de recrutement – analyse des besoins, engagement dans l'action, mise en œuvre de l'action et bilan – en faisant des liens permanents entre le recrutement, la formation et la gestion des carrières.

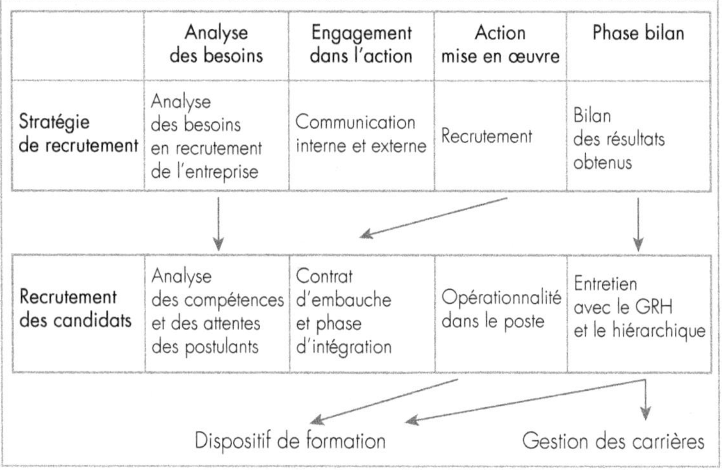

	Analyse des besoins	Engagement dans l'action	Action mise en œuvre	Phase bilan
Stratégie de recrutement	Analyse des besoins en recrutement de l'entreprise	Communication interne et externe	Recrutement	Bilan des résultats obtenus

Recrutement des candidats	Analyse des compétences et des attentes des postulants	Contrat d'embauche et phase d'intégration	Opérationnalité dans le poste	Entretien avec le GRH et le hiérarchique

Cycle du recrutement

La phase d'engagement et celle du bilan sont les moins développées au niveau de l'entreprise. L'équipe EFC est convaincue de l'importance de ces deux phases. Elle décide de les valoriser dans ses propres actions RH.

Pour déterminer les besoins quantitatifs et qualitatifs, l'équipe EFC conduit des entretiens semi-directifs auprès des différents directeurs opérationnels. Les objectifs de ces entretiens portent sur :

- les besoins en effectif, en intégrant les départs à la retraite, le *turn-over* naturel, les prévisions économiques de l'entreprise... ;
- les besoins en nouvelles compétences ;
- les profils à intégrer ;

- la capacité de la direction à intervenir dans l'accompagnement ;
- l'évaluation des jeunes recrues et les préconisations d'amélioration du dispositif de recrutement et d'accompagnement ;
- l'évaluation du potentiel des différents collaborateurs.

L'équipe EFC en fait la synthèse et présente un plan d'actions sur cinq ans au DRH et au comité de direction, pour arbitrage et validation.

Ce document contient :

- le contexte de l'entreprise et les axes retenus pour élaborer la stratégie de recrutement ;
- la stratégie de recrutement de l'entreprise, sa politique de communication, d'intégration, de rémunération et d'insertion des personnes en difficulté ;
- le nombre d'apprentis à recruter avec les profils ciblés ;
- le nombre de jeunes diplômés à embaucher ;
- les profils spécifiques recherchés ;
- les répercussions prévisionnelles de ces recrutements sur la masse salariale,
- le budget du département EFC.

L'année suivante, il faudra rajouter à ce dossier le bilan de l'année écoulée et les inflexions et/ou modifications apportées au plan prévu.

Voici quelques éléments clés du dossier de Mme Dulac

1. Contexte de l'entreprise et de son environnement et axes retenus pour élaborer la stratégie de recrutement

L'entreprise devra renouveler son effectif de 38 % dans les cinq ans à venir, avec un pic important d'ici trois ans.

Dans le même temps, l'entreprise se lance dans une stratégie de croissance à l'international. Elle aura besoin de managers et de formateurs qualifiés pour en assurer le déploiement.

Il va donc falloir remonter le niveau d'anglais des managers déjà en poste et recruter des managers parlant une deuxième langue étrangère.

Comme 50 % de nos managers actuels vont partir à la retraite, il est urgent d'accompagner la promotion interne sur un plan à trois ans.

Il faut également assurer la transmission des savoirs.

Les entreprises de notre secteur connaissent, elles aussi, la même problématique de pyramide des âges. Il faut donc s'attendre à une surenchère des rémunérations pour attirer les jeunes recrues.

Nos points forts sont les suivants :

- Forte adhésion aux valeurs de l'entreprise.
- Politique de promotion interne constante avec de nombreux postes de managers à pourvoir.
- Entreprise reconnue pour son positionnement sur le DRHD, avec une charte transparente pour tous les acteurs, internes et externes.

2. La stratégie de recrutement retenue

Recherche

- Accueil important d'apprentis bac professionnel, bac + 2 et ingénieurs, pour les former et les préparer à nos futurs métiers. 30 % de nos besoins en effectif devront être couverts par la fidélisation de ces apprentis.
- Recrutement de bac + 2 avec expérience pour pourvoir des postes d'agents de maîtrise.
- Recrutement de profils atypiques pour certains secteurs qui ont besoin de relancer leur dispositif d'innovation.
- Recrutement d'experts pour certains postes fonctionnels.

Les sources du recrutement

- Promotion interne pour la majorité des profils recherchés.
- Chasseurs de têtes et carnets d'adresses (approche directe) pour attirer les meilleurs candidats dans des postes fonctionnels pour lesquels on ne trouve pas l'expertise nécessaire en interne.
- Recrutement dans les pays de la CEE de personnels confirmés, motivés pour travailler dans notre compagnie. Un dispositif d'apprentissage du français et différents partenariats locaux devraient nous permettre de recruter 20 % de nos effectifs.

- Après étude auprès des opérationnels, nous pouvons annuellement recruter une vingtaine de personnes handicapées physiques pour assurer des tâches de précision sans une modification importante de leur poste de travail.

3. Politique de communication
   - Notre politique de recrutement sera transparente tant en interne qu'en externe. Nous mettrons en avant nos engagements DRHD et nos attentes vis-à-vis des futurs candidats.
   - Nous ferons une campagne en interne pour favoriser la cooptation.
   - Nous contacterons les différents centres de formation des apprentis pour présenter notre entreprise, ses valeurs et ses possibilités d'évolution.
   - Nous créerons un site internet spécifique pour notre recrutement.
   - Nous utiliserons la presse étrangère spécialisée pour attirer nos futurs salariés.
   - Nous ferons une campagne de publicité sur les sites internet représentatifs de nos valeurs et dont les services peuvent correspondre à nos cibles.

   Proximité et ciblage : deux termes pour illustrer notre approche de communication.

4. Politique de rémunération

   Hormis les cadres hors classe que nous contacterons par approche directe, nous préconisons de refuser toute surenchère salariale. Nous voulons miser sur nos points forts pour attirer les futurs salariés :
   - Entreprise socialement responsable.
   - Formation et promotion internes.
   - Dispositif de salaire variable, clair et attractif.
   - Valeurs humaines de l'entreprise.
   - Contrat clair, notamment à travers la charte DRHD.

5. Profils recherchés

   Au-delà des connaissances et des diplômes, nous allons nous intéresser à la personnalité du candidat : potentiel, valeurs, motivation, activité intrascolaire et créativité. Il est plus facile de transmettre à un salarié des connaissances, la pratique d'un métier que de développer chez lui une capacité d'autonomie, une personnalité d'entrepreneur, une solidarité humaine, de la créativité...

Nous allons donc mettre en place une procédure de recrutement qui nous permettra d'analyser plus en profondeur le profil des candidats et leur adéquation aux postes. Le diplôme ne devra plus être un critère discriminant.

La marge d'erreur sera peut-être plus importante, mais ce risque est largement inférieur à celui du clonage de salariés, tous calibrés selon les mêmes critères.

6. Politique de recrutement interne

L'ensemble des salariés de l'entreprise représente le premier vivier de recrutement. D'ailleurs, dans le cadre de la charte DRHD, il y a une transparence sur les postes à pourvoir et une volonté de trouver en priorité les postulants en interne.

Pour certains postes confidentiels, l'étroite collaboration entre le recrutement et la gestion des carrières nous permettra de recenser les candidats internes potentiels.

7. Politique d'intégration des nouvelles recrues

Afin de réduire les échecs, les premiers mois sont essentiels pour rassurer la nouvelle recrue. Le dispositif d'intégration et de suivi doit lui permettre de mieux appréhender la culture de l'entreprise, ses métiers, ses valeurs et ses règles de fonctionnement.

- Chaque embauché suit un parcours d'intégration de quinze jours minimum pour découvrir son entreprise, si possible le premier mois de son arrivée. Toutes les personnes recrutées, de l'apprenti à l'expert, pourront suivre ce parcours en même temps.
- La première semaine est commune à tous. C'est l'occasion de rencontrer des directeurs de service, des opérationnels qui vont témoigner de leurs métiers, de découvrir des procédures et des valeurs qui sont les garants du bon fonctionnement de leur entreprise.

- Chaque nouvel embauché bénéficie, pendant ses trois premiers mois d'activité, des conseils d'un tuteur référent : un collègue, un chef de service, un formateur...
- Le tuteur l'aide à mieux comprendre le fonctionnement de l'entreprise, ses rouages, sa culture, son organisation. Il n'intervient pas sur les aspects métier qui sont pris en charge directement par le responsable de la personne recrutée.
- Chaque salarié a le devoir d'être tuteur au moins une fois tous les cinq ans. Il suit une journée de formation sur la mission qui lui est confiée et sur les documents à expliquer au tutoré.
- Un document d'accueil est remis au nouvel embauché et commenté par le tuteur. Ce document intègre la charte DRHD. Il explique les engagements de l'entreprise et les devoirs du nouveau salarié. Il sert de cadre de référence et de contrat explicite.
- Chaque embauché dit « à potentiel » fait le point au minimum une fois par an avec son « gestionnaire ressources humaines » attitré.
- La nouvelle recrue a tendance à vouloir changer de poste tous les deux ans. Le GRH détermine ses compétences et son potentiel. Puis, ensemble, ils envisagent les pistes possibles d'évolution de carrière.

8. Politique d'intégration et de formation des jeunes et des personnes en difficulté

Une entreprise qui investit dans le DRHD a nécessairement un rôle éducatif et social auprès des jeunes.

Notre culture de transmission et de formation interne nous permet de former de nombreux jeunes à nos métiers et de les accompagner tout le long de leur apprentissage. L'apprentissage en alternance est un excellent moyen de fidéliser des jeunes, qui deviendront opérationnels pour l'entreprise à la fin de leurs études. Une partie de nos jeunes recrues provient de la cooptation interne.

L'entreprise est un partenaire actif des centres de formation d'apprentis et/ou des universités d'entreprise :

- Pour assurer un niveau qualitatif satisfaisant dans le recrutement de nos apprentis et stagiaires, nous nous sommes engagés auprès de différents centres d'apprentissage et d'universités.
- Ils nous aident à choisir les profils les mieux adaptés à nos besoins, et certains de nos salariés interviennent dans les cours des CFA pour transmettre leurs savoirs et compétences. Ce travail de partenariat durable et coresponsable nous a permis d'améliorer les connaissances des apprentis, et d'orienter davantage le contenu des cours en fonction de nos besoins.

En contrepartie, nous nous engageons à :

- prendre et à former chaque année des apprentis et des stagiaires ;
- nommer un tuteur pour suivre chaque apprenti ;
- évaluer le tuteur sur la progression des jeunes qu'il a en charge ;
- faire suivre à chaque jeune le tronc commun d'intégration prévu pour les nouveaux embauchés ;
- donner la priorité d'embauche aux jeunes formés par l'entreprise ;
- faire participer l'entreprise à l'intégration de personnes handicapées et de jeunes en difficulté.

Notre entreprise est solidaire des personnes en difficulté. Chaque année, elle leur réserve un certain nombre de postes et remplit ainsi son rôle sociétal. Il ne s'agit pas de bénévolat. Nous constatons que les personnes handicapées sont aussi performantes que les autres à partir du moment où leur poste de travail est adapté à leur handicap. Elles sont motivées et heureuses de travailler.

L'insertion de jeunes en difficulté nous pose plus de problèmes et nous comptons davantage travailler avec les éducateurs locaux. Nous allons en intégrer un peu moins dans les prochaines années afin de mieux réussir leur insertion. Ensuite, nous nous appuierons sur eux pour accueillir et accompagner les autres jeunes dans leur insertion professionnelle et sociale.

PRATIQUE +

Le groupe industriel Schneider Electric est un exemple intéressant d'entreprise qui s'est investie dans l'insertion et la formation des jeunes pour anticiper ses besoins futurs en compétences, mais également pour développer sa responsabilité à l'égard de la société civile.

En dix ans, cette entreprise a accueilli et formé plus de quatre mille jeunes en alternance, et constitué un réseau de deux mille tuteurs.

Concernant l'insertion des personnes handicapées, l'entreprise leur réserve 6 % des places disponibles en stage, puis en poste fixe.

La Société Générale est un exemple intéressant de recrutement décalé par rapport à sa concurrence, mais stratégique au regard de sa démographie et de ses métiers. Cette banque recrute des quinquagénaires pour principalement pourvoir des postes au guichet et de face à face client. Ces postes nécessitent un bon contact client, une certaine permanence des personnes, et des salariés motivés pour en assumer la responsabilité.

Le Crédit Lyonnais a mis en place des « entretiens de perspective » pour mieux appréhender les attentes des jeunes recrues et les fidéliser par un suivi personnalisé. Le GRH fait le point annuellement avec l'intéressé, suit sa progression professionnelle et gère son évolution de carrière.

- Quelques règles d'action se rattachant aux principes développés précédemment :
    - À l'occasion de tout recrutement, s'interroger sur l'organisation en place : doit-elle évoluer ?
    - Éviter de confondre recrutement et solution miracle aux dysfonctionnements internes.
    - En cas de doute sur une personne : s'abstenir.
    - Faciliter l'intégration des nouveaux entrants en rappelant les règles de fonctionnement.

- Faire respecter les règles établies et éviter la multiplication des passe-droits, qui sèment le trouble dans les esprits.
- Prendre le temps d'expliquer les évolutions d'organisation et de rôles.
- Faire d'un acte de recrutement une décision d'engagement réciproque.
- Utiliser la période d'essai pour valider compétences et capacité d'intégration.
- Transmettre le métier et la culture.
- Utiliser des critères objectifs prédéfinis.
- Avoir une perspective dynamique sur le poste.

- Des pièges à éviter :
  - Ne pas expliciter, au-delà de la fiche de poste, les éléments de culture interne nécessaires à la compréhension du métier ;
  - Attendre trop rapidement une maîtrise des différents aspects d'un poste ;
  - Ne pas abandonner dès la période d'essai si des doutes sur l'intégration ou la compétence apparaissent.

La durabilité d'une entreprise passe par sa capacité à faire évoluer ses collaborateurs qui feront perdurer sa culture identitaire, mais aussi à accueillir des personnes externes, des regards neufs qui vont l'aider à innover. Deux défis qui peuvent apparaître comme antinomiques mais qui font partis des clés du vivant : **intégrité et innovation.**

IDÉES CLÉS

Dans l'écoconception RH, la phase de recrutement et d'insertion est la première d'une longue chaîne qui guide le parcours d'un salarié.

Il est important de traiter en miroir le salarié comme le client externe.

> Une politique DRHD cherche à préserver, actualiser et développer le potentiel de ses collaborateurs.
>
> Les entreprises ayant une forte culture d'appartenance sont mieux armées pour mener une stratégie de recrutement et d'intégration orientée DRHD.

4.2 Actualisation permanente des ressources humaines

Le potentiel humain est une mine d'or, encore peu exploitée. Les entreprises investissent des sommes considérables dans la formation, pour développer ce potentiel, mais les résultats obtenus conduisent à un constat d'échec : la formation ne résout pas tous les problèmes d'insertion et d'adaptation au changement.

Hier, le notable était celui qui savait, qui possédait la connaissance. Toutefois, à force de travail, il était possible d'évoluer au sein de la société, d'avoir de l'influence. Aujourd'hui, le savoir est un prérequis pour accéder au monde du travail. Il facilite l'accès à l'emploi mais ne suffit plus. Il faut apprendre à apprendre, développer l'autonomie d'apprentissage, passer d'une culture de la formation à une culture de l'apprenance.

En interrogeant des entreprises engagées dans le développement durable, nous constatons que la préoccupation de la formation reste encore le transfert de connaissances et l'acquisition de compétences. Elle ne vise en aucune manière l'autonomie d'apprentissage, autrement dit l'émancipation des salariés. Pour ces entreprises, le lien entre le développement durable et la culture d'apprenance n'est pas effectif.

4.2.1 La formation tout au long de la vie

Pour développer son potentiel, gérer sa propre vie, il est essentiel d'établir des liens avec son environnement, d'en comprendre les évolutions et les mutations. Aujourd'hui, l'entreprise peut de moins en moins se permettre de maintenir une population non qualifiée, alors que dans le même temps les procédures et les outils de travail se complexifient. La formation joue donc un rôle prépondérant tout au long de la vie.

Pour Donald J. Johnson[1], « l'apprentissage tout au long de la vie » n'est pas synonyme de formation « récurrente », mais signifie que, grâce à un effort particulier pour « apprendre à apprendre », un lien permanent est maintenu avec l'éducation. Il s'agit d'un processus continu, qui s'étend à toutes les étapes de la vie et concerne tous les groupes sociaux.

Les pouvoirs publics ont donc mis en place un dispositif qui permet à chacun d'avoir accès à la formation : le droit individuel à la formation (DIF). Désormais, chaque salarié peut bénéficier d'au moins vingt heures de formation par an. Il s'agit d'une véritable innovation sociale. La formation dispensée n'a pas pour seul but l'évolution professionnelle, elle concerne aussi le bien-être de l'individu, son développement personnel.

Pour le moment, le DIF est un dispositif supplémentaire, comme l'ont été les congés individuels pour la formation, le bilan de compétences, le crédit temps formation. Le vrai défi des entreprises engagées dans le DRHD se situe dans leur capacité de passer d'une culture de formation à une culture d'apprenance sans laisser pour compte les salariés les moins qualifiés et jugés à faible valeur ajoutée.

Pour une entreprise, les enjeux sont à plusieurs niveaux :

- Actualiser les compétences des collaborateurs.
- Accompagner les changements de métiers et les reconversions.
- Maintenir en emploi des personnes en difficulté.

1. Donald J. Johnson, « L'apprentissage à vie pour tous » *in* revue *L'Observer,* n° 214, octobre-novembre 1998.

Avant d'aborder les différents moyens pour l'entreprise de relever ces défis, identifions les freins actuels de la formation continue.

4.2.2 Des facteurs de démotivation

Aujourd'hui, beaucoup d'entreprises sont déçues du peu d'efficacité des plans de formation compte tenu des sommes investies, en croissance depuis plusieurs années. D'une part la formation n'a pas développé la réactivité attendue face au changement, d'autre part on constate un écart important entre ce qui est transmis et ce qui est appliqué. La plupart du temps, les stagiaires sont satisfaits de la formation suivie. Ils ont compris les différentes techniques à appliquer. Or, une fois sur le terrain, ils ne parviennent pas à concrétiser ce qu'ils ont appris, et finissent par se démotiver.

Plusieurs sources de démotivation ne sont pas toujours prises en compte par l'entreprise et les formateurs.

- Le manque de cohérence entre la formation et la réalité du terrain : vous vous formez sur du matériel que vous n'avez pas.
- Le décalage entre le type d'organisation et le management que l'on vous demande de pratiquer : on vous forme au management participatif, alors que votre organisation est conçue pour tout centraliser et ne pas faire redescendre l'information.
- « Fais ce que je te dis et non ce que je fais » : le manque d'exemplarité est également un élément fort de la démotivation.
- Il existe des facteurs psychologiques importants :
    - L'entreprise n'a pas forcément expliqué les objectifs de la formation. Le salarié peut donc penser que l'entreprise le considère comme incompétent. Exemple : un chef de rayon que l'on envoie se former sur un rayon pilote de l'entreprise.
    - La formation n'est pas rattachée à l'entretien de progrès annuel.
    - Le salarié n'a pas eu le choix de sa formation.

- Le salarié ne participe pas à l'élaboration de son plan de formation individualisé.
- La formation est considérée par la hiérarchie comme inutile. On apprend sur le terrain et non dans une salle de formation.

- Des facteurs sont liés à la méthode d'apprentissage :
    - Le participant est passif : il doit ingurgiter un contenu.
    - Le participant est actif, mais il doit intégrer un modèle.
    - Le contenu de la formation est déconnecté du contexte du salarié.
    - La formation ne prend pas en compte les difficultés du salarié, qu'elles soient cognitive, contextuelle, affective...

La liste des facteurs de démotivation pourrait être plus longue, même si beaucoup d'entreprises ont essayé d'y remédier.

Il ne s'agit pas ici de faire porter à l'entreprise la responsabilité de la non-motivation du personnel dans le processus d'apprentissage. De la même manière, l'entreprise ne doit pas imaginer que la responsabilité de la motivation à apprendre est celle de l'apprenant. La responsabilité de l'entreprise et de ses salariés est partagée.

Les grands oubliés de la formation continue sont les plus de 45 ans et les salariés faiblement qualifiés. Une responsable RH d'un groupe de restauration rapide se demandait à quoi pouvait servir une politique DRHD sur des populations de faible qualification. L'intérêt d'investir durablement sur ces personnes ne lui paraissait pas évident. Pourtant, dans quelques années, il sera tout aussi difficile de recruter du personnel non qualifié que qualifié. Il est donc urgent pour l'entreprise de fidéliser ces personnes, de les aider à actualiser leurs compétences, à progresser socialement et professionnellement.

Toutefois, en termes d'apprentissage, ces oubliés de la formation posent de nombreux problèmes. C'est pourquoi je parlerai du développement de l'employabilité cognitive avant d'aborder l'employabilité de compétences.

4.2.3 L'employabilité cognitive

Pour l'économiste américain Lester Thurow[1], « l'arme concurrentielle dominante du XXIe siècle sera l'éducation et les compétences de la main d'œuvre ». Or, malgré un taux de scolarisation accru, malgré une augmentation du nombre de bacheliers, les entreprises comptent une forte population peu qualifiée, en marge du développement.

Hélène Trocmé Fabre parle de chômage cognitif, et les pouvoirs publics d'un taux de plein emploi avec 1,8 million de personnes exclues, avec ou sans qualification, incapables de s'adapter aux mutations de leur environnement.

À force d'exécuter les mêmes tâches pendant des années, ces personnes ont perdu leurs fonctions cognitives. L'employabilité cognitive vise à les réactualiser.

Face à ce public, le responsable de formation se pose un certain nombre de questions :

- Comment combler le fossé entre une masse d'individus faiblement qualifiés et les exigences d'une société qui se complexifie de jour en jour ?
- Comment accompagner des hommes et des femmes en chômage cognitif dans leur changement de métier au gré des organisations ?
- Comment aborder l'apprentissage d'un salarié, qui a peu reçu de formation depuis la fin de ses études, et qui se retrouve en situation d'échec face à l'intégration de nouvelles procédures et à l'évolution rapide de son métier ?

À ces personnes peu qualifiées, il est nécessaire d'offrir un apprentissage qui tienne compte des dimensions :

- **psychologique**, afin de leur redonner confiance et de leur permettre de reconstruire leur identité ;

1. Lester Thurow, *Les Fractures du capitalisme,* Village mondial, 1997.

- **cognitive**, afin qu'elles puissent réapprendre à apprendre et trouver du plaisir à le faire ;
- **sociologique**, afin de redonner du sens à cet apprentissage en le reliant à la réalité du monde professionnel et social ;
- **expériencielle**, prenant en compte le parcours de la personne et les acquis de l'expérience, permettant ainsi de valoriser toute une partie de sa vie.

Il ne suffit pas de suivre des stages de formation, au cours desquels le formateur dit pourquoi il faut changer et quelles sont les nouvelles pratiques à acquérir. Notre expérience nous a démontré que les personnes qui suivent de tels stages, coupées de la réalité de leur environnement professionnel, avaient depuis longtemps désinvesti le champ de leur apprentissage.

Une responsable de formation s'étonnait du peu de changement qu'avait apporté la formation mise en place au *back office* de son entreprise : « Pourtant nous avons donné du sens, trouvé une pédagogie ludique, et cela n'a eu que très peu d'effet. »

Comment voulez-vous que des personnes qui ont répété pendant des années une tâche parcellaire soient aujourd'hui capables d'aborder un nouveau métier de manière plus globale avec un autre niveau de raisonnement ? Les tâches routinières tuent le désir d'apprendre et d'innover. Le cerveau se met en veille et se sclérose avec les années. En conséquence, il faut avant tout réapprendre à apprendre. L'entreprise a donc le devoir de veiller à l'employabilité cognitive de son personnel et à lui donner les moyens de s'engager sur ce chemin. Charge au salarié de prendre ou pas son apprentissage en main.

Des techniques de remédiation et des dispositifs d'employabilité cognitive ont montré leur efficacité. Mais il existe des conditions de réussite, telles que :

- une communication au niveau de l'entreprise et une plus spécifique auprès des personnes concernées ;
- une communication tout au long du dispositif ;

- le volontariat des participants ;
- l'implication de tous, direction, DRH, managers et participants ;
- un diagnostic individualisé de chaque participant ;
- des relais managériaux valorisant le dispositif ;
- des formateurs internes prenant le relais sur les aspects métiers ;
- des bilans intermédiaires avec chaque participant ;
- une capitalisation permanente.

Après avoir suivi ce type de dispositif, les personnes se rendent compte qu'elles sont encore capables d'apprendre. « J'ai pris plaisir à apprendre et cela m'a remotivé pour le travail. J'ai repris en confiance en moi. »

PRATIQUE +

L'entreprise de distribution Monoprix doit gérer des employés d'origine multiculturelle et de faible qualification. Pour améliorer leur intégration et les aider à progresser au sein de l'entreprise, deux dispositifs ont été mis en place avec les ateliers de pédagogie personnalisée (APP) :

- un « sas » d'intégration, en amont du recrutement, les aide à faire le lien entre le non-emploi et l'emploi et à mieux comprendre leurs devoirs et leurs droits en tant que futurs salariés ;
- des ateliers pour apprendre à réapprendre et à retrouver confiance en eux.

Ces deux opérations ont permis de diminuer considérablement le turn-over.

Dès qu'une personne est de nouveau capable d'apprendre, elle peut commencer à développer son employabilité de compétences.

Nous pourrions imaginer que l'employabilité cognitive doit se développer uniquement au niveau des populations les moins qualifiées. En réalité, quelle que soit la personne, les compétences cognitives et comportementales sont en amont des compétences d'actions. Un leader qui a une pensée linéaire et séquentielle n'abordera pas son management de la même manière qu'un leader qui a une lecture complexe et systémique de son environnement.

Comme le schéma ci-dessous l'indique, un référentiel de compétences peut se construire de manière traditionnelle en listant les compétences d'actions par rapport aux résultats attendus. Il est aussi possible de le construire dans une approche dynamique en intégrant les compétences amont, cognitives et comportementales, qui vont impacter les compétences d'actions, donc les résultats attendus.

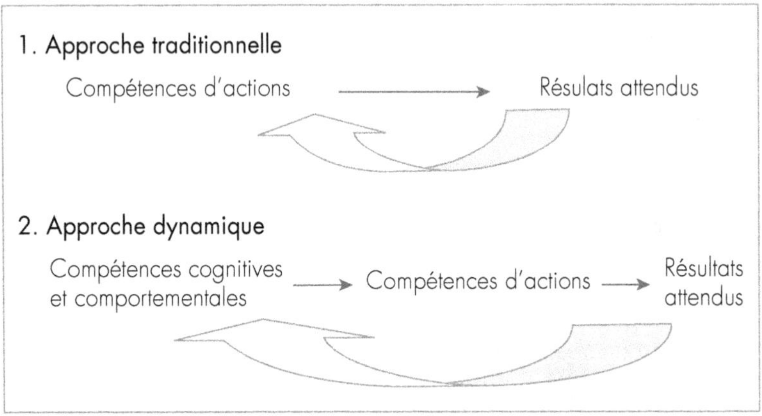

Double boucle de la compétence

L'employabilité de compétences

La réforme de la formation professionnelle continue réaffirme le concept d'organisation apprenante et de « formation tout au long de la vie ». Les dispositifs de validation des compétences, le droit individuel à la formation, le contrat de professionnalisation doivent permettre aux directions des ressources humaines de favoriser l'employabilité de leurs salariés.

Outre la formation, la mobilité professionnelle (promotion, changement de poste) et l'apprentissage par l'expérience restent également des vecteurs non négligeables de l'employabilité.

Les politiques de gestion de l'employabilité sont mises en œuvre dans le but, entre autres, d'actualiser et de développer les compétences et le potentiel pour favoriser une meilleure performance des salariés.

La validation et la reconnaissance des acquis d'expériences

Dans un système qui valorise de plus en plus le diplôme, quelle place fait-on aux acquis expérienciels ou extra-scolaires ? Comment redonner de la valeur à ce patrimoine humain ? Reconnaître les acquis expérienciels, c'est être capable de comprendre que la richesse professionnelle et personnelle de chacun fait partie du capital collectif. La validation de l'expérience est un outil de certification professionnelle qui permet à chacun de faire reconnaître ses compétences métiers et d'obtenir le diplôme correspondant.

Toutefois, au lieu de conserver cette expérience et la transformer pour en faire une nouvelle richesse, les entreprises ont tendance à se séparer des salariés âgés de plus de 50 ans, sans trop évaluer l'impact que la perte d'expérience peut engendrer. Paradoxalement, ces mêmes entreprises reprochent aux jeunes, diplômés ou pas, de ne pas avoir suffisamment d'expérience.

La formation continue : adaptation ou développement

Depuis la première loi sur la formation professionnelle en 1971, l'investissement formation n'a cessé de progresser. Différents dispositifs sont venus renforcer cette loi, notamment le bilan de compétences et le contrat temps formation. Les salariés ont-ils su pour autant s'adapter aux changements de leur environnement et s'engager davantage dans leur employabilité ? La résolution de l'actualisation permanente des ressources se trouve-t-elle dans l'accroissement du budget formation et du temps alloué à la formation de chaque personne ?

Aujourd'hui, la formation continue en entreprise trouve ses limites dans l'objet même de sa fonction : adapter (socialiser) l'individu au monde du travail et lui transmettre le savoir nécessaire pour bien assumer sa tâche. Avec les NTIC (Nouvelles technologies de l'information et de la communication), la mondialisation de la connaissance a complètement modifié le rapport de l'homme au travail et de l'homme dans sa relation au savoir.

Le défi n'est plus de maintenir l'individu dans son rôle de récepteur d'information mais bien de l'aider à développer sa capacité à apprendre, à créer du savoir, à s'ajuster à un monde en perpétuelle évolution. Cette mutation de l'apprentissage et de la place de l'apprentissage dans l'évolution des hommes et des organisations va déterminer le type de société et de civilisation dans lequel nous vivrons demain.

Face à cette nouvelle donne, les entreprises sont confrontées à la nécessité de repenser les méthodes et les cursus d'apprentissage proposés à leurs salariés. Les centres ressources, les outils multimédias et le *e-learning* sont des tentatives dans ce sens. Il n'en reste pas moins que les différentes approches restent centrées sur l'acquisition de connaissances, avec un apprenant plus actif, mais néanmoins dépourvu le plus souvent de motivation et de capacité à apprendre seul et à avoir une réflexion sur son expérience d'apprentissage.

Le vrai défi de l'entreprise est de dépasser le stade de la formation pour promouvoir une culture de l'apprenance et l'engagement des personnes dans le développement de leur propre employabilité.

Exemple de l'entreprise de Daniel Durand : Actualisation permanente des ressources

Le responsable de la formation, Denis Duroc, membre de l'équipe EFC, est chargé d'élaborer le plan de formation de l'entreprise en collaboration étroite avec le responsable du recrutement et de la gestion des carrières. Il s'agit surtout d'un plan de développement de l'employabilité et des compétences, concernant toutes les cibles de l'entreprise.

Denis Duroc soumet à la direction générale un plan d'actions qui doit respecter plusieurs paramètres :

- les engagements de la charte DRHD ;
- une meilleure efficacité des actions mises en œuvre ;
- un budget équilibré ;
- un bilan quantitatif et qualitatif des actions précédentes.

En préambule à son plan, Denis Duroc rappelle que ce plan contribue à :

- préserver, actualiser et développer le potentiel et les compétences des ressources de l'entreprise ;
- développer une culture d'apprenance ;
- offrir à tous les salariés des dispositifs de formation adaptés à leurs besoins et perspectives d'évolution ;
- capitaliser les efforts déjà réalisés.

Il rappelle les quatre macrocompétences que l'entreprise veut développer aux niveaux individuel, collectif et organisationnel, soit savoir :

- se relier à son environnement ;
- innover ;
- partager ;
- se réorganiser.

Il confirme les compétences clés transverses qui seront les fondamentaux, quelles que soient les lignes de métier, c'est-à-dire savoir :

- appréhender la complexité et la pensée systémique ;
- remettre en question ses représentations ;
- travailler et collaborer en équipe ;
- se développer personnellement ;
- apprendre de ses actions.

Ces macrocompétences et compétences clés devront se retrouver, en partie, dans les dispositifs dispensés aux salariés. Cela nécessite un briefing des intervenants internes et externes, ainsi qu'une ingénierie d'apprentissage spécifique.

Pour chaque famille de métier, Denis Duroc présente :

- un référentiel dynamique de compétences ;
- des dispositifs différenciés :
  - formation sur site avec un tuteur et/ou le manager ;
  - parcours qualifiant et/ou diplômant ;
  - formation spécifique avec un minimum de 2 + 1 J par brique de compétences ;

- groupes d'échanges de pratiques ;
- stage interentreprise ;
- cours du soir ;
- conférences.

Pour les managers, par exemple, Denis Duroc liste les compétences cognitives et comportementales à développer :

- contextualiser ;
- appréhender la complexité et le vivant ;
- choisir ;
- s'engager ;
- revisiter ses représentations ;
- se développer ;
- exprimer ses émotions, ses ressentis ;
- anticiper ;
- agir ;
- réfléchir sur l'action ;
- s'auto-analyser et se voir agir…

Il propose ensuite un dispositif pour permettre à chaque manager de s'autopositionner en fonction des différentes compétences. En fonction de leur niveau de responsabilité, il met à leur disposition :

- un bilan individuel d'orientation ;
- un 360° *feed-back* ;
- un *Development Center* suivi d'un parcours de formation management.

Quel que soit le dispositif utilisé, le manager établit son Plan de développement personnel (PDP). Ce PDP lui permet de mieux cerner ses besoins et de s'inscrire sur les dispositifs lui permettant de combler ses manques et d'améliorer ses compétences.

Dans le cadre de la charte DRHD, Denis Duroc rappelle les engagements de la DRH en matière d'actualisation des compétences.

1. **L'entreprise propose à tous les salariés un minimum de vingt-huit heures de formation annuelle**

   Notre entreprise va au-delà du DIF (Droit à l'investissement formation), en proposant un minimum de vingt-huit heures de formation pour l'ensemble des salariés.

Ces heures de formation intègrent de la formation en présentiel, mais aussi de l'autoformation en ligne, de la formation sur le terrain et des cours du soir.

Il ne s'agit pas d'obliger les salariés à suivre ces vingt-huit heures de formation, mais d'offrir notamment cette possibilité à ceux qui ont très peu bénéficié de la formation continue. Il faudra réaliser un plan de communication spécifique pour les informer de leurs droits, mais aussi de leurs responsabilités dans le maintien de leur employabilité.

2. **L'entreprise s'assure de l'employabilité cognitive des collaborateurs de faible qualification**

Une partie de notre population faiblement qualifiée vivra dans les prochaines années des mutations importantes de métier avec l'intégration de nouveaux modes de pensées.

Ces personnes ont très peu évolué professionnellement en pratiquant le même métier depuis des années. Elles ont des difficultés à apprendre et ont suivi très peu de formation continue. Il est donc important de les aider à redévelopper leur capacité d'apprendre à apprendre.

Nous proposons donc un plan de remédiation cognitive sur trois ans, avec des ateliers de trois heures par semaine. Chaque personne suivra un quota d'heures, entre trente-deux et cent vingt, en fonction du diagnostic individuel qui sera réalisé au préalable. Nous formerons des intervenants internes pour animer certains de ces ateliers.

Proposer les ateliers sur site offre une plus grande souplesse d'organisation et de disponibilité des salariés concernés.

Ce dispositif est financé en partie avec les aides du conseil régional.

3. **Un entretien annuel de formation est réalisé pour déterminer les besoins en développement de compétences**

L'entretien annuel de formation se veut déconnecté de l'entretien d'évolution. Cet entretien d'analyse des besoins de formation aura lieu quatre mois avant la construction du plan de formation. La première année, nous le mettrons en œuvre pour les managers. Nous formerons les responsables de départements et de services à l'animation de ce type d'entretien. Afin de permettre aux managers de réfléchir sur leurs besoins en compétence, nous leur ferons parvenir leur référentiel de compétences dynamiques et un questionnaire qui leur servira de BIO (Bilan individuel d'orientation).

La remontée se fera *via* notre intranet. Nous pourrons ainsi collecter les besoins et bâtir notre offre de développement de compétences.

4. Un entretien avant et après la formation professionnelle est assuré par le manager pour aider son collaborateur à se fixer des objectifs de progression

De plus en plus, le manager est considéré comme le premier responsable des ressources humaines de ses équipes. Il a la responsabilité de les former, de leur donner les moyens de progresser et de se développer. Quand il évalue les résultats de ses collaborateurs, il évalue de la même manière sa compétence de manager. Dans le cadre de la formation, l'intervention du manager ne se réduit pas uniquement à l'entretien annuel de formation. En effet, il doit également motiver et mobiliser les personnes de son équipe qui vont partir en formation. Pour cela, nous préconisons deux étapes :

- un entretien avant la formation, pour aider son collaborateur à prendre conscience des points faibles à travailler et des attentes du service sur les compétences à acquérir ;
- un entretien après la formation, pour valider son plan d'action et l'encourager à réussir.

Le manager est celui qui peut à la fois dynamiser le processus d'apprentissage de ses collaborateurs ou l'invalider totalement.

Nous comptons sensibiliser nos managers sur leurs responsabilités et leur donner envie de s'investir dans cette mission.

5. L'entreprise propose des parcours qualifiants et diplômants

Les parcours qualifiants et diplômants visent à promouvoir certains métiers, changement de métiers et développement de managers à potentiel.

Notre entreprise a recensé certains métiers en interne pour lesquels nous serons très prochainement en manque de compétences. Nous avons donc décidé d'anticiper cette difficulté en proposant de former et de qualifier sur trois ans cinquante professionnels sur ces métiers. Pour ce faire, nous avons pris des accords avec le conseil régional et des organismes de formation externe, tels que l'AFPA, les GRETA, pour monter ces programmes. Certains seront qualifiants et d'autres diplômants : CAP professionnels et BTS spécialisés.

Pour les jeunes potentiels, nous prévoyons un parcours en interne de vingt jours de formation, étalés sur dix-huit mois. Certains managers confirmés auront accès à des formations en *Business School*.

Pour ceux qui ne seraient pas concernés pas ces dispositifs, nous avons provisionné un budget pour des cours du soir et des cours à distance qui leur permettront d'acquérir des connaissances et des compétences dans des domaines non prévus dans notre plan de formation. D'ailleurs, ces demandes pourraient être prises dans le cadre du droit individuel à la formation.

6. L'entreprise favorise la validation de l'expérience

Depuis la création de la validation des acquis d'expérience, notre entreprise a peu communiqué sur le sujet. Notre crainte d'augmentation des rémunérations pour ceux qui font reconnaître leur expertise l'a emporté sur les aspects positifs d'une telle démarche. En effet, nombre de nos agents de maîtrise et ouvriers qualifiés n'ont pas eu la possibilité de faire des études diplômantes mais ont acquis dans notre entreprise une véritable qualification. La reconnaissance de leurs compétences par le système éducatif et professionnel serait un facteur fort de motivation.

Cette démarche peut être prise dans le cadre du plan de formation de l'entreprise. Nous comptons faire une plaquette explicative qui sera jointe au plan de formation.

7. L'entreprise propose une offre de formation en développement personnel en dehors du temps de travail

Pour développer une culture d'apprenance et leur potentiel, il est essentiel de donner aux individus la possibilité de travailler sur eux-mêmes.

D'ailleurs, certaines compétences clés – telles que l'appréhension de la complexité, la remise en question de ses représentations et l'épanouissement de son potentiel – sont développées dans notre offre de développement personnel. À travers cette offre, chacun pourra mieux s'affirmer, mieux gérer son stress, réfléchir à son évolution de carrière...

Cette offre de formation est proposée dans le cadre du DIF. La coresponsabilité des participants et leur engagement étant un prérequis, ces formations sont proposées le week-end, donc en dehors du temps de travail.

Nous travaillerons avec plusieurs cabinets extérieurs pour formaliser une offre intra-entreprise en développement personnel. Chaque cabinet fera l'objet d'une validation pour éviter toute suspicion sectaire dans les démarches qui seront proposées.

8. L'entreprise valorise l'apprentissage par l'expérience et l'autoformation

Développer une culture d'apprenance signifie développer la capacité des individus à apprendre de leurs actions et ainsi enrichir leur expérience.

Dans notre environnement sans cesse mouvant, il est essentiel de créer les conditions d'apprenance pour que chaque individu soit capable d'apprendre par lui-même et avec les autres.

Pour faciliter ce mouvement, et nous aligner sur les macrocompétences, telles que s'ajuster à son environnement, innover et partager, nous avons travaillé sur quatre axes :

- Refonte d'un certain nombre de formations en intégrant une ingénierie d'apprentissage par l'expérience.
- Choix de prestataires extérieurs reconnus et spécialisés sur le sujet.
- Création de stages spécifiques pour les managers pour développer le *knowledge management* et la capitalisation d'expérience.
- Mise en place d'un dispositif expérimental de groupes d'échanges de pratiques et d'un forum sur l'intranet pour les chefs de projet.

Pour valoriser l'expérience et s'ajuster à son environnement, notre organisation doit être à l'écoute du terrain. Elle doit être capable de remonter les bonnes pratiques et de modifier ses process pour les intégrer dans le système d'information et les modes de fonctionnement.

À propos de l'ingénierie d'apprentissage par l'expérience et la refonte de certaines formations, nous avons :

- développé une pédagogie par l'alternance, donc des retours d'expériences ;
- réduit le nombre des participants à dix par groupe.

Cette approche est plus qualitative, mais elle augmente le coût journée de formation par participant. Il faudra donc arbitrer avec d'autres formations et remplacer certains stages en présentiel par du *e-learning*.

9. Formation au développement durable

L'élaboration participative de notre charte sur le DRHD nous a permis de sensibiliser de nombreux acteurs internes et de communiquer de manière plus globale sur le sujet.

Il nous semble toutefois important d'accompagner la mise en œuvre des actions DRHD par des ateliers de sensibilisation auprès de l'ensemble des salariés. Ces ateliers devraient être animés par les managers qui pourraient ainsi identifier avec leurs équipes comment faire vivre au quotidien le DRHD. Ils pourraient ensemble prendre des engagements simples : éteindre les lumières et les ordinateurs avant de quitter le bureau, limiter l'usage des photocopies, répartir les déchets dans les bonnes poubelles. En fonction des métiers, ils pourraient intégrer dans leur activité de l'écoconception. Par exemple, les acheteurs pourraient intégrer d'autres critères de sélection tels que les valeurs, les pratiques de leurs fournisseurs et pas uniquement leur prix de vente.

La formation des managers au DRHD est un préalable au réel lancement de la charte. Il faut travailler avec eux sur la vision, les valeurs et l'impact sur leur management. Nous proposons un séminaire sur deux journées avec l'ensemble des managers. Le président ouvrira le séminaire en présentant les enjeux pour l'entreprise et ses engagements vis-à-vis des parties prenantes.

Ensuite, les managers travailleront en atelier sur les différentes rubriques de la charte et les actions concrètes qui en découlent. En fin de journée, chaque atelier fera une synthèse de ses travaux. Pour finir, M. Daniel Durand fera la conclusion de la journée et annoncera le programme de formation de la deuxième journée.

PRATIQUE +

Monoprix entreprend depuis plusieurs années une politique de sensibilisation et de formation au développement durable. Ces actions visent à préparer ses collaborateurs à intégrer de nouvelles pratiques dans leur métier. En 2002, dans le cadre du commerce équitable, les acheteurs ont été les premiers à être formés aux bonnes pratiques en matière de traçabilité sociale des produits.

Pour introduire le développement durable au cœur de ses magasins, l'entreprise a composé un réseau de magasins-relais ayant chacun la responsabilité de développer en interne l'un des trois piliers du DD. En 2003, lors de la première semaine du développement durable, l'entreprise s'est appuyée sur ces magasins-relais pour vulgariser auprès de ses clients et de ses salariés les enjeux liés au DD. Elle a proposé quotidiennement, en partenariat avec un réseau d'experts, des ateliers scientifiques pour comprendre les enjeux du tri des déchets, le commerce équitable...

Pour le personnel du siège, deux sessions de conférences ont été organisées.

L'approche de l'entreprise n'est pas, pour le moment, de généraliser ses actions de formation, mais plutôt d'expérimenter différentes approches, et de mobiliser les magasins dans leurs propres actions de développement durable.

La préservation, l'actualisation et le développement des ressources internes représentent un enjeu économique et social essentiel pour l'entreprise. Pour réussir ce défi, l'entreprise doit développer une culture d'apprenance mais aussi la responsabilité individuelle des salariés dans leur propre processus d'employabilité.

IDÉES CLÉS

Le potentiel humain est une mine d'or, peu exploitée.

Le vrai défi des entreprises est de passer d'une culture de formation à une culture d'apprenance.

L'arme concurrentielle dominante sera l'éducation et les compétences de la main d'œuvre.

En amont des compétences d'action, il existe des compétences cognitives.

La routine favorise le chômage cognitif. L'entreprise doit veiller à l'employabilité cognitive de ses salariés, et leur en donner les moyens.

4.3 Une gestion responsable et équitable de l'emploi et des carrières

Lors d'un entretien de recrutement, l'une des questions du candidat concerne son évolution professionnelle. Il veut connaître les opportunités possibles et la politique de gestion de carrières de l'entreprise. Entre plusieurs postes, le candidat choisira souvent celui qui lui offre le plus d'amplitude d'évolution et pas celui qui serait le plus apprenant ou le plus rémunérateur.

Pour attirer les bons candidats, les entreprises redoublent d'imagination. Elles leur font miroiter les responsabilités qu'ils exerceront dans les prochaines années ainsi que la rémunération attractive qu'ils pourront obtenir.

Plutôt que d'écouter le chant des sirènes, les candidats devraient vérifier la manière dont l'entreprise assure l'équité des emplois et la gestion des carrières.

4.3.1 La notion de gestion responsable

Une entreprise qui s'investit dans une démarche DRHD met en œuvre une gestion responsable des emplois en anticipant les évolutions de marché, les besoins futurs en compétences, les fermetures prévisibles de site et les reconversions métiers. Elle tient compte également de sa pyramide des âges et de son impact dans les années à venir. Elle bâtit des plans d'actions qui anticipent les problèmes économiques et humains.

Toutefois, comme l'annonce d'un changement profond peut provoquer un conflit social, peu d'entreprises osent prendre ce risque. Imaginons qu'une entreprise identifie une baisse économique de son secteur d'activité dans les prochaines années et décide de l'anticiper. Pour se réorganiser, elle prévoit des changements de site et de métier. L'actualité nous montre que ce type d'annonce mobilise les partenaires sociaux et les salariés. Les grèves provoquées par leur résistance au changement amplifient les problèmes financiers de l'entreprise.

Il est donc très difficile pour un chef d'entreprise d'assumer une vision prospective de changement qui ne fait pas l'unanimité. Il est également très compliqué d'introduire du changement dans une entreprise qui semble florissante.

Depuis plusieurs années, une PME internationale, spécialisée dans le transport maritime, obtient une croissance à deux chiffres et des résultats conséquents. Le PDG sait que si cette croissance est mal gérée, l'entreprise pourra se retrouver en difficulté. Il veut donc introduire de nouveaux process organisationnels et de nouvelles pratiques managériales. Toutefois, les changements qu'il veut introduire mobilisent des résistances et de l'incompréhension. Face à cette inertie, le responsable préfère reculer plutôt que de prendre le risque de casser un outil de croissance qui, sur le court terme, fonctionne bien.

Si toutes les grandes entreprises disposent d'une gestion prévisionnelle des emplois, c'est surtout dans la manière de l'aborder qu'elles pourront se différencier en termes de DRHD.

Pour mener une gestion responsable des emplois, le DRH doit développer un dialogue social permanent et constructif. Il est important que tous les acteurs comprennent les conséquences de cette gestion des emplois à la fois sur le court, le moyen et le long terme. Plus les acteurs refusent leur responsabilité immédiate, plus ils pénalisent le moyen terme et les générations futures.

4.3.2 La notion de gestion équitable

Depuis plusieurs années, de nombreuses entreprises pratiquent le commerce équitable, qui s'applique généralement à des opérations commerciales renforçant la position économique des petits producteurs et propriétaires afin qu'ils ne soient pas marginalisés dans l'économie mondiale.

Si nous adaptions cette philosophie du commerce équitable à la gestion des ressources humaines, nous pourrions imaginer que soit bannie toute discrimination raciste et sexiste.

D'ailleurs, pour inciter les entreprises à tendre vers une plus grande équité des emplois, l'État promeut la discrimination positive, c'est-à-dire privilégie un traitement préférentiel des populations discriminées pour mieux équilibrer leurs chances de travail, de progression et de responsabilisation.

L'État espère de la sorte rétablir l'égalité des chances, compromise par la persistance de pratiques racistes ou sexistes et une accentuation des inégalités socio-économiques. D'ailleurs, l'État devrait montrer l'exemple avec un Conseil des ministres plus féminisé. Pour le moment, les hommes politiques se comportent comme les chefs d'entreprises : les femmes sont en masse sur le terrain mais le pouvoir est détenu par les hommes.

4.3.3 La gestion des emplois

Le gestionnaire des emplois est, comme son titre l'indique, celui qui analyse les statistiques de l'évolution des emplois et des répercussions sur la masse salariale. Il conçoit un outil de pilotage quantitatif des mouvements d'emplois à venir. Il apporte à son DRH des orientations en matière de besoins d'effectifs, de suppression d'emplois et de qualification. N'étant pas forcément prospectiviste, ni au fait des stratégies fluctuantes de la direction générale, il fait ses projections au fur et à mesure des données qui lui sont fournies. Dans les entreprises importantes, il y a toujours auprès du DRH un statisticien qui gère les indicateurs RH. Les salariés étant souvent la variable d'ajustement des financiers, c'est le gestionnaire qui calcule l'impact des différents scénarios RH sur la masse salariale et le résultat de l'entreprise.

Les salariés en âge de la préretraite sont les premiers ciblés par les plans de licenciements. Par ce biais, l'entreprise transfère à l'État une partie du coût économique de ces départs, tout en réduisant ses effectifs sans mettre au chômage des salariés plus jeunes. Grâce à cette gestion de l'emploi, la France est le pays d'Europe qui emploie le moins de personnes de plus de 54 ans et, paradoxalement, qui a un des taux de chômage le plus élevé chez les jeunes de moins de 25 ans.

Dans une approche DRHD, il ne s'agit pas de minimiser les aspects économiques de l'entreprise, mais plutôt d'imaginer des scénarios qui privilégieraient davantage le partage de l'expérience et du travail que la perte d'expérience et de travail.

Pour réussir à sortir du cadre traditionnel de l'addition et de la soustraction pour équilibrer un compte d'exploitation, voire générer des bénéfices, il faut à notre avis trois conditions :

- un vrai dialogue social et une réelle transparence économique et financière ;
- une approche RH plus créative avec des scénarios de gestion de l'emploi et une pédagogie RH accessibles à tous ;
- un cadre législatif souple et créatif, mais sous contrôle.

Dialogue, transparence, créativité et coresponsabilité de tous les acteurs sont les ingrédients pour gérer l'emploi dans une perspective davantage respectueuse des personnes et de leur devenir.

4.3.4 La gestion des carrières

Le gestionnaire des carrières a la lourde tâche de devoir répondre aux aspirations d'évolution des salariés, tout en tenant compte de leur potentiel et de leur performance, mais aussi des besoins de l'entreprise.

La formation initiale et la performance de la personne sont toujours les deux critères privilégiés par le gestionnaire de carrière. Le meilleur vendeur passera chef des ventes et le diplômé d'une école de commerce sera mieux suivi que le diplômé d'un BTS commercial. Ce type d'approche a tendance à mettre certains experts en situation d'échec managérial et à cloner les postes de cadres supérieurs et de dirigeants dans un profil assez similaire.

Les entreprises publiques utilisent les concours internes comme outils d'évolution professionnelle. Tout salarié peut postuler à un échelon supérieur s'il réussit le concours adéquat. Dans ce contexte-là, ce n'est pas tant la performance et la compétence qui sont valorisées, mais plutôt la capacité à ingurgiter des connaissances et à les utiliser au moment du concours.

PRATIQUE +

Certaines entreprises privées ont conçu un *Assessment Center* pour évaluer les capacités et le potentiel du salarié pour le poste auquel il postule.

La nomination des cadres de direction des caisses régionales du Crédit agricole est un exemple de ce type d'approche. En effet, depuis plus de vingt ans, cette entreprise a mis en place un dispositif complet d'évaluation et de nomination de ses futurs cadres de direction, pour les postes de sous-directeur à directeur général.

Le premier niveau concerne les candidats sous-directeurs et se déroule en trois temps : le premier a pour but d'évaluer leur potentiel personnel et professionnel. S'ils reçoivent un feu vert, ils pourront se présenter à la deuxième étape de cadre de direction. S'ils ont un feu orange, ils devront travailler sur leurs points faibles. En cas de feu rouge, ils devront continuer à faire leurs preuves avant de postuler à nouveau.

Ensuite, les candidats retenus devront suivre un *Assessment Center* de trois semaines Ils seront évalués à la fois par des dirigeants du groupe, en binôme avec des consultants externes, sous la supervision d'un directeur général, qui notera la prestation de chacun : de très favorable à défavorable. Il n'y a pas de redoublement possible.

Ils effectueront ensuite un stage de quatre à six semaines dans une autre entreprise du groupe, qui donnera lieu à rapport et nouvelle évaluation.

L'ensemble de ces évaluations est enfin analysé par une commission ad hoc, qui décide de l'inscription du candidat sur une liste d'aptitude nationale. Il pourra dès lors présenter sa candidature aux postes ouverts dans les différentes entités du groupe.

Cette manière propre au Crédit agricole de gérer la nomination et l'évolution de ses cadres de direction offre plusieurs avantages :

- une réelle légitimité pour les nominés ;
- un esprit de corps au sein de ces cadres et un effet réseau durable ;
- la possibilité pour des managers issus du terrain d'accéder aux plus hautes responsabilités ;
- un co-investissement formation particulièrement dense de la part de la personne et de l'entreprise.

D'une manière générale, les grandes entreprises jouent la carte de la transparence en communiquant les postes à pourvoir dans le journal interne. Les personnes intéressées peuvent ainsi contacter le responsable de la gestion des carrières afin qu'il étudie leur candidature.

4.3.5 La gestion des *high pos*

En matière de gestion durable des compétences et des carrières, la question des cadres à fort potentiel revêt une importance particulière.

Ces *high pos* (pour *high potential*) représentent un gisement de valeur pour les organisations qui les emploient. Après les avoir repérés, il s'agit donc de les fidéliser. Traditionnellement, cette fidélisation passe par des parcours professionnels spécifiques, des programmes de formation sur mesure, des signes de reconnaissance.

Les mesures favorisant les plans de carrière, leur connaissance de l'organisation et leur mobilité créent l'environnement nécessaire à la pleine expression de leur qualité.

Champions de l'entreprise, ils doivent aussi devenir les champions de son développement durable.

Sur le plan des ressources humaines, leur rôle sera double.

- Ils seront d'abord les premières cibles du message DRHD dans l'entreprise.

  En effet, en tant que managers et futurs dirigeants, ils auront à animer la vision pérenne de l'organisation dans son environnement. Mais au-delà de ce rôle actif, une dimension psychologique nous semble fondamentale : les *high pos* sont des leaders nés. Pour ce type de personnes, la notion de challenge est essentielle. Le développement durable est un très beau challenge, peut-être le plus actuel. Une démarche de DRHD conséquente est donc un atout pour attirer les compétences rares.

  Les *high pos* favoriseront les offres émanant d'entreprises modernes qui prennent en compte les aspects qualitatifs du développement. Rappelons-nous l'engouement de ces dizaines de milliers de jeunes talentueux dans les start-up, aux beaux jours de la nouvelle économie. Ils n'étaient pas seulement attirés par les perspectives de gain à court terme, mais aussi par l'émergence d'un monde nouveau : celui des contacts sans formalisme, de la communication à l'échelle planétaire, du développement retrouvé. Un développement sans conséquence négative sur l'environnement.

- Les *high pos* seront ensuite les porte-drapeau du DRHD.

  Modèles du développement dans l'entreprise, ils doivent porter les valeurs du DRHD. L'aspect qualitatif de leur action se rattachera au respect des principes du DRHD. En ce sens, l'évaluation de leur travail prendra en compte non seulement les résultats obtenus, mais aussi et surtout la manière de les obtenir. Le respect de la charte interne du DRHD, sous ses différents aspects, servira de base à cette évaluation. Nous recommandons que la moitié du résultat de cette évaluation, au minimum, dépende des critères qualitatifs.

4.3.6 La gestion des expatriés

La population des expatriés est souvent mal gérée par les entreprises. Elles ne savent pas comment réinsérer ces personnes à leur retour de mission. En effet, ces professionnels ont acquis une forte expertise à l'étranger, mais aussi de l'autonomie et du pouvoir d'action. Ils ont développé des compétences d'entrepreneur pour remplir leur mission dans des contextes souvent peu faciles. Plus cette expérience est longue, plus l'entreprise a du mal à les réintégrer en capitalisant sur leur expérience et leur degré d'autonomie. De la même manière, l'expatrié supporte mal de perdre son autonomie et de constater que son expérience n'est pas vraiment prise en compte.

PRATIQUE +

Pour le groupe Lafarge, un salarié ne peut obtenir un poste à l'étranger qu'à condition d'avoir, au préalable, défini avec la DRH le poste qu'il occupera à son retour d'expatriation.

A priori, une telle démarche peut paraître contraignante, mais ce genre de précaution évite les complications en fin de mission. Dans de nombreux cas, effectivement, les expatriés peinent à retrouver un poste dans leur pays d'origine.

Les organisations qui n'envisagent pas suffisamment le développement durable des compétences font alors face à une perte de ressources plus ou moins larvée. Nombre d'expatriés, éléments souvent dynamiques et moteurs, se remettent rapidement sur le marché.

Certains, lassés d'attendre les responsabilités promises au retour, finissent par démissionner. L'entreprise est d'autant plus pénalisée qu'elle perd des profils de managers, autonomes et entreprenants.

Une règle d'or est donc à retenir en la matière : une expatriation se définit précisément en termes de durée et d'affectation au retour.

4.3.7 La gestion des plus de 45 ans

Dans beaucoup d'entreprises, il est très difficile de faire carrière après 45 ans. Cette population est souvent délaissée par les GRH, qui se mobilisent plutôt sur le potentiel des 30 à 42 ans. Dans le cadre du départ massif des salariés à la retraite dans les cinq prochaines années, les entreprises vont devoir mieux gérer les ressources restantes et les motiver. Les salariés de 45 ans, notamment, devront se maintenir en activité jusqu'à 65 ans, alors que leurs collègues de travail sont partis dix ans plus tôt. Avec un sentiment d'injustice et sans perspective réelle d'évolution, ces salariés auront besoin d'être remotivés pour accomplir avec efficience la mission qui leur est confiée. Ils représentent un vrai gisement de potentiel, parfois en jachère, qu'il serait temps de réactiver.

PRATIQUE +

Le Crédit Lyonnais a mis en place « les RDV de carrières » pour les salariés entre 45 ans et 48 ans : des entretiens avec un RH formé pour réfléchir à leur évolution et compétences. Avec les départs programmés et la création de nouveaux métiers, l'objectif de l'entreprise est d'anticiper les besoins en compétence dans chaque ligne de métier. Cette démarche est d'autant plus nécessaire qu'une partie des emplois du *back office* est appelée à disparaître. Il est donc important de remotiver ces salariés en leur donnant de nouvelles perspectives de changement.

L'entreprise a aussi communiqué auprès de l'encadrement de façon à s'ouvrir et accompagner l'intégration des salariés de plus de 45 ans, tous secteurs confondus.

Pour mener ce type d'entretien de carrière, la méthodologie utilisée a été transmise pendant deux jours aux gestionnaires RH. Sur un mode ludique, le salarié choisit dix fiches « compétences » et cinq fiches « aptitudes » dans lesquelles il se reconnaît. Le rôle du GRH sera de valider le choix du collaborateur à partir de leurs échanges et de la réflexion du salarié sur son parcours professionnel et ses zones d'intérêt.

Les compétences et aptitudes choisies s'appuient sur des expériences concrètes. Une fois les fiches validées, le GRH les compare avec les compétences nécessaires aux douze grands métiers de l'entreprise, déterminant ainsi une ou plusieurs évolutions possibles, avec ou sans formation complémentaire.

Il ne s'agit pas d'un entretien destiné à valider une sortie de poste, mais son but est de donner des perspectives d'avenir et remotiver des personnes souvent en manque de lisibilité.

Grâce à ces entretiens, chacun peut ainsi terminer son parcours professionnel en capitalisant sur ses expériences. Évoluer professionnellement, ce n'est pas devenir quelqu'un d'autre mais être soi-même un peu plus profondément.

EXEMPLE DE L'ENTREPRISE DE DANIEL DURAND : UNE GESTION ÉQUITABLE DES EMPLOIS ET DES CARRIÈRES

Dominique Dulac, en charge du département Emploi-Formation-Carrière, pilote elle-même la gestion des carrières de son entreprise.

Elle sait qu'il est essentiel pour son entreprise de valoriser les compétences internes et de gérer au mieux l'adéquation mission/profil. Chaque salarié fait donc l'objet d'un suivi individuel, informatisé, qui tient compte :

- du parcours professionnel ;
- des compétences développées ;
- des résultats obtenus ;

- des formations suivies ;
- des demandes de mutation et d'évolution ;
- des notations et observations contenues dans la fiche annuelle d'évaluation.

Avec le responsable emploi et les GRH de l'entreprise, elle étudie les postes qui vont se libérer, ceux qui vont disparaître et ceux qui vont émerger. Ensemble, ils établissent des projections à trois ans, à un an, et assurent un suivi mensuel des besoins. À partir de cette réflexion, ils identifient des besoins en formations, courtes et longues, qualifiantes et diplômantes, qu'ils vont soumettre au responsable de formation.

Pour gérer de manière équitable les emplois et les carrières des collaborateurs, en tenant compte de leurs compétences et de leur appétence, mais aussi des possibilités de l'entreprise, Mme Dulac va présenter et mettre en œuvre un certain nombre d'actions identifiées dans la charte.

1. Chaque salarié a un gestionnaire de carrières, qu'il voit une fois tous les deux ans

Le hiérarchique est un maillon essentiel dans la gestion de carrière. Jusqu'au niveau chef de service, le manager a pour mission de préparer sa propre évolution de carrière : il transmet ses compétences à quelques membres de son équipe, qu'il juge aptes à le remplacer.

Quelle que soit la compétence du manager, il est bon de proposer à chaque salarié un GRH avec lequel il pourra faire le point, au minimum tous les deux ans. Ce bilan reprend les deux dernières années d'activité, les compétences développées et les attentes du collaborateur en termes de formation, d'évolution professionnelle et de rémunération. Toutes ces informations sont ensuite saisies dans la base de données du suivi individualisé.

Les populations sensibles sont généralement les jeunes recrues, les cadres de plus de 45 ans et le personnel du *back office*. Pour les premiers, l'entreprise propose des « RDV perspectives », pour les deuxièmes des « RDV de carrières » et pour les derniers des entretiens pour évaluer les besoins en formation et le niveau de motivation.

2. **Une bourse à l'emploi propose tous les postes disponibles pour le recrutement interne**

Nous nous engageons à informer les salariés des postes vacants. Pour chaque poste disponible, un référentiel de compétences sera présenté avec des indications précises sur le profil. Toutes ces informations seront disponibles sur l'intranet.

Une réponse sera faite à chaque postulant pour l'informer de la suite donnée à sa demande.

Toutes les semaines, la bourse à l'emploi est actualisée. Nous voulons :

- transmettre l'information ;
- identifier des volontaires ;
- préférer les candidatures internes aux candidatures externes.

3. **Accréditation des candidatures**

De manière à favoriser la compétence et le potentiel, nous créerons un *Assessment Center* pour certaines lignes de métiers, managers et commerciaux, par exemple. Les candidats retenus devront analyser un cas d'entreprise : ils seront mis en situation professionnelle pendant deux jours, sous le regard attentif de leurs pairs et d'un consultant externe.

L'épreuve terminée, le candidat repart avec une analyse globale de ses points forts et de ses point faibles et une appréciation sur son adéquation au poste vacant. Ce type de dispositif, notamment sur des postes de managers, permet davantage aux femmes et aux moins diplômés d'accéder à des postes à responsabilité.

L'expérience, la compétence et le potentiel sont davantage valorisés que les diplômes.

4. **Chaque collaborateur reçoit une proposition de changement d'emploi ou de poste au minimum tous les cinq ans**

Nous savons qu'après cinq ans d'activité dans le même poste, la motivation des personnes a tendance à s'éroder. La routine s'installe, le salarié commence à perdre en compétence. Il est donc important de lui proposer un changement de poste, voire d'emploi. Les cadres, habituellement, sont favorables à cette démarche, qui génère plus de résistance chez le personnel non cadre. Ce changement de poste est l'un des moyens de maintenir l'employabilité de chaque salarié. Les grandes entreprises ayant du personnel en *back office* se rendent compte de la difficulté de remettre en mouvement des personnes qui ont exercé le même métier pendant plus de quinze ans. Il leur faut maintenant un accompagnement spécifique.

Cette offre de changement doit tenir compte de trois facteurs :

- les besoins de l'entreprise ;
- la motivation du salarié ;
- ses compétences et de son potentiel d'apprentissage.

C'est au GRH d'étudier les possibilités de changement de poste et de faire des propositions à chacun des collaborateurs dont il assure le suivi.

Face à sa gestion de carrière, le salarié peut être attentiste ou proactif. Dans le premier cas, il délègue à l'entreprise, mais aussi au système social et économique, le soin de le prendre en charge. Il fait porter à l'extérieur la responsabilité de son propre développement et de son avenir. Dans le second cas, et quel que soit son niveau de poste et de formation, il cherche par lui-même à évoluer en s'appuyant à la fois sur l'offre de l'entreprise et sur les possibilités que lui propose son environnement. Ce salarié se sent responsable de sa carrière, du maintien et du développement de ses compétences. Il est entrepreneur de son développement et responsable de son devenir.

L'étude du vivant, et par conséquent du « durable », nous enseigne que face à des changements il faut savoir se réorganiser pour retrouver un nouvel équilibre. Cette difficulté à changer de lieu de travail, à accepter une mobilité est l'un des freins majeurs dans la gestion des carrières et l'évolution des personnes.

Une bonne gestion des carrières doit prendre en compte ces résistances et favoriser logistiquement et psychologiquement la mobilité des personnes. Dans les corps d'armée et de gendarmerie, la mobilité est inscrite dans le métier. Chacun sait à quoi il s'engage. En revanche, les familles sont aidées lors des mutations, notamment dans la recherche d'un logement.

Dans les années à venir, les salariés devront comprendre que leur emploi et leur carrière seront de plus en plus assujettis à leur capacité à gérer leur mobilité. Le lieu de travail devient une variable d'ajustement et non plus une constante.

IDÉES CLÉS

En tant que champion de l'entreprise, les *high pos* doivent être les champions du DRHD.

Une expatriation se traduit en termes de durée et d'affectation retour.

La remotivation et la dynamisation des plus de 45 ans sont un enjeu majeur pour préserver leur potentiel actif de compétences.

Une transaction gagnant-gagnant s'inscrit dans la temporalité et le DRHD.

Une gestion des carrières efficace doit favoriser logistiquement et psychologiquement la mobilité des personnes.

Le lieu de travail devient une variable d'ajustement et non plus une constante.

4.4 La prise en compte des aspirations individuelles

Prendre en compte les aspirations individuelles est un acte fondamental de management dans le cadre d'un engagement en faveur du DRHD.

Les aspirations individuelles sont multiples :

- Travail à temps partiel.
- Création d'entreprise.
- Poste à responsabilité.

- Expatriation.
- Changement de métier.
- Investissement solidaire...

L'État propose différents dispositifs :

- Congé individuel de formation.
- Congé sabbatique.
- Congé parental.
- Congé solidaire.
- Capital temps formation.
- Congé individuel de formation.
- Bilan de compétences...

Cette offre ouverte à tous est principalement utilisée dans les grandes entreprises. Les PME, moins informées et moins structurées, ne font guère bénéficier leur personnel de ces mesures sociales. On retrouve dans la taille de l'entreprise une discrimination sociale peu prise en compte par les pouvoirs publics.

Certaines de ces mesures, comme le congé solidaire, sont récentes et encore peu exploitées.

4.4.1 Le congé solidaire

De nombreux salariés ont envie de s'investir dans une mission humanitaire sans pour autant mettre en péril leur emploi.

Depuis la loi du 5 février 1995, le congé solidaire ou congé de solidarité internationale permet à des salariés (s'ils ont au moins douze mois d'ancienneté) de partir en mission humanitaire, pour une durée de deux semaines à six mois maximum, avec l'une des cent quarante et une associations dont la liste est détaillée par l'arrêté du 16 juillet 1996.

Ce dispositif part d'un constat simple : tout le monde a des compétences personnelles et professionnelles susceptibles d'être mises au service des plus démunis. Souvent, on manque de temps pour mettre en application son désir d'engagement citoyen. Avec le congé solidaire, les salariés ont enfin la possibilité de répondre à leurs aspirations altruistes en toute sécurité. Les entreprises sont aussi bénéficiaires du système : ces actions renforcent leur image, permettent d'exprimer leur citoyenneté, favorisent la cohésion de leur personnel autour d'un ou plusieurs projets fédérateurs, porteurs de sens, et permettent d'obtenir un maximum de productivité.

Des entreprises – Carrefour, Wanadoo – et des collectivités locales ont déjà sponsorisé le départ de salariés en « congé solidaire ». Pendant ses vacances, le salarié volontaire réalise une mission de solidarité à l'étranger, aux frais de son entreprise.
La durée de la mission peut varier de quinze jours à deux mois, en fonction de la destination et du type de projet.

Ces missions humanitaires s'articulent autour de quatre axes :

- former des adultes – en informatique, comptabilité, gestion, couture…
- animer des ateliers socio-éducatifs, culturels ou sportifs en faveur des jeunes – lecture, photographie, danse…
- aider à la création de microstructures – appui technique, suivi administratif…
- soutenir les associations de migrants en France – formation des jeunes…

PRATIQUE +

La solidarité des entreprises et des salariés s'exprime également à travers l'action des fondations d'entreprises.

Par exemple, la fondation Club Méditerranée soutient, depuis 1994, les projets de solidarité proposés par les salariés du groupe. Cela peut aller du soutien scolaire à l'insertion par le sport, mais toujours en partenariat avec des associations. Chaque chef de village a ainsi la possibilité de soutenir des microprojets avec les associations locales.

À travers sa fondation et son programme d'entreprise NEW 2004, Schneider Electric développe de nombreuses initiatives de solidarité avec la société civile, dans le monde entier. Cette entreprise s'investit très largement dans le domaine de l'insertion des jeunes en difficulté sociale. Sous l'impulsion de la fondation, managers et salariés participent activement, auprès d'associations locales, à des opérations concernant des handicapés, des jeunes en difficulté et autres personnes marginalisées par la société. Cette entreprise apporte à ses collaborateurs des raisons d'être fiers de participer au développement de sa responsabilité sociale.

Les grandes entreprises offrent également d'autres mesures pour répondre aux attentes de leurs salariés, tout en satisfaisant leurs besoins économiques. L'essaimage, par exemple, donne aux salariés la possibilité de créer leur propre entreprise.

4.4.2 L'essaimage

Chaque année, en France, 20 000 entreprises sont créées par essaimage.

Cette pratique est à double tranchant. L'ex-salarié véhicule un discours positif sur l'entreprise s'il est aidé dans son projet : son message est attrayant pour de futurs salariés, de futurs partenaires ou de futurs clients. Si, au contraire, le discours est négatif, il freinera les embauches de qualité et même le *business* ; c'est souvent le cas lorsque l'essaimage vise seulement à résoudre les problèmes de sureffectifs : on parle alors d'essaimage « défensif » ou « à chaud ».

L'essaimage « à froid » repose, lui, selon l'Agence pour la création d'entreprises (APCE), sur une politique volontariste. Il vise à développer l'esprit d'entreprise.

Une des traductions de cette volonté se retrouve dans la mise en place réelle et concrète de projets d'essaimage.

Dans son rôle d'accompagnateur durable du développement, le DRH sera conscient de plusieurs formes d'essaimage « offensif » (ou « à froid ») :

		Promoteur du Projet	
		Salarié	Entreprise
Activités	Synergiques	Essaimage par reconversion	Essaimage par externalisation
	Sans lien	Essaimage de projet	Essaimage d'extraprise
	Concurrentes	Essaimage de cannibalisation	Essaimage d'appauvrissement

D'après H. Daval

4.4.3 Les différentes formes d'essaimage

Contrairement à une majorité d'auteurs, nous considérons que chacun des types d'essaimage peut représenter une forme d'essaimage à froid. Ce qui détermine une famille d'essaimage n'est pas tant l'identité de l'initiateur ou du promoteur du projet – le salarié ou l'entreprise – que la manière dont le projet se met en place.

Le projet est-il concerté, mûri et développé dans un esprit de bénéfice mutuel ? Des relations à terme et durables sont-elles envisagées entre le porteur du projet et l'entreprise ? Si oui, les conditions nous semblent remplies pour parler d'essaimage « à froid ».

À l'inverse, lorsque la suspicion ou le manque d'intérêt dominent, l'essaimage n'est que de pure forme. Le projet peut même se transformer progressivement en *spin off* agressive *(illegitimate spin off)* : le parasitage de l'entité d'origine devient un objectif.

Est-il vraisemblable qu'une entreprise favorise le démarrage d'une activité concurrente à la sienne ? Les phénomènes d'autoconcurrence ne sont pas rares. Ils correspondent à des manœuvres stratégiques : pensons au lancement de l'activité Fac Similé par la société japonaise Canon, ou à la vraie concurrence de marques, à l'intérieur du groupe Peugeot, entre Citroën et Peugeot Automobiles.

Le DRH peut donc s'intéresser au soutien d'activités concurrentes à l'activité de la maison mère – sous réserve que l'entreprise d'origine soit prête à investir en capital dans la nouvelle activité. La politique d'affrontement avec un concurrent potentiel se transforme alors en politique de diversification.

Pour soutenir les initiatives d'essaimage, le DRH, s'attachera à :

- favoriser le soutien financier des salariés qui souhaitent développer un projet entrepreneurial ;
- favoriser la réembauche des personnels en cas d'échec de leur entreprise ;
- s'assurer de l'appui des syndicats et des délégués du personnel.

Les logiques d'essaimage à froid, dénuées de caractère d'urgence et soutenues par une politique volontariste, sont les seules à répondre à des objectifs de développement durable des ressources humaines.

Les essaimages à chaud ou tièdes n'en sont pour nous que des formes dégradées : initiatives dictées par l'urgence de réduction d'effectifs, situation économique jugée défavorable.

La plupart des grandes entreprises s'intéressent à l'essaimage. Les entreprises « pratiquantes » se classent en deux catégories : celles qui mettent en place, en interne, des dispositifs d'accompagnement ; celles, comme la Snecma ou France Telecom, qui sous-traitent l'accompagnement.

Les organisations qui se chargent elles-mêmes de l'accompagnement ont à leur disposition tout un arsenal de soutiens possibles :

- Formations de tous types, spécialement en conduite de projets.
- Activation d'un réseau d'experts.
- Études de marché financées.
- Outils informatiques attribués et autres matériels.
- Décharges diverses sur les objectifs du salarié.
- Accès à des bases de données.
- Diagnostics de faisabilité.
- Prestations de consultants externes.

Ces différentes aides peuvent glisser ou aboutir à des soutiens financiers purs : elles sont octroyées à la personne « essaimée » ou à l'entreprise qu'elle crée.

4.4.4 Les aides personnelles

Les entreprises qui favorisent l'essaimage dans des zones franches bénéficient d'avantages particuliers – exonération de taxes et de charges patronales – lorsqu'elles créent des emplois locaux.

Le DRH conseillera donc à l'essaimeur de valider soigneusement le point suivant : la compatibilité entre son initiative et les contraintes de la zone où il souhaite s'installer. En particulier, il devra s'interroger sur la remise en cause potentielle des avantages liés à la zone par l'administration fiscale, qui peut en effet considérer l'implantation d'une entreprise essaimée comme un moyen détourné de profiter d'avantages réservés à des entreprises sans antériorité.

Pour finir, soulignons une série d'avantages au bénéfice des entreprises essaimeuses :

- Réduire les risques de concurrence non maîtrisée par d'anciens salariés.
- Redynamiser des carrières stagnantes.
- Créer un réseau d'entreprises partenaires.
- Valoriser des activités périphériques au cœur de métier.
- Externaliser de façon stimulante.
- Flexibiliser les coûts.
- Réduire les coûts de mise en place de projets mineurs.

Ces bénéfices sont des bénéfices réels et chiffrables. Ils permettent de rentabiliser une politique d'essaimage dynamique et favorisent ainsi le développement de l'entreprise dans son ensemble.

En ce sens, l'essaimage nous semble une pratique très représentative du lien qui peut exister entre dynamique sociale et performance de l'entreprise. Nous le considérons comme une pratique du DRHD.

De l'essaimage à la solidarité, il y a la même volonté d'accompagner des projets et des personnes. L'avenir ne fait sens que s'il suscite motivation, signification et plaisir.

Exemple de l'entreprise de Daniel Durand : La prise en compte des aspirations individuelles

L'entreprise reconnaît à chaque individu le droit d'exprimer et de vivre ses aspirations individuelles. Dans la mesure de ses moyens, elle favorise et accompagne les projets individuels. Pour agir efficacement, l'entreprise a mis en place différentes mesures :

- Une information transparente et claire sur les différents dispositifs prévus par la loi.
- Une rubrique dans le document d'entretien annuel, pour que chaque salarié exprime ses aspirations personnelles.
- Un budget de sponsoring et de mécénat interne pour accompagner des demandes individuelles.
- Un comité, composé des membres du personnel, pour statuer sur les projets nécessitant un budget spécial de l'entreprise.

Notre conviction est qu'il faut devenir acteur de la société civile locale et partager nos compétences et nos richesses. Si nous voulons durer, nous devons :

- fidéliser nos salariés ;
- former et attirer de nouvelles compétences ;
- partager des valeurs communes avec nos salariés, nos fournisseurs et nos clients ;
- être capables de redistribuer une partie de nos bénéfices, notamment sous la forme d'une fondation.

Si nous arrivons à développer des liens entre l'entreprise et nos salariés, les générations à venir et le tissu économique et social local, nous pourrons mieux faire face, ensemble, aux aléas de notre environnement.

4.5 Des conditions de travail pour accompagner le DRHD

Au temps où la législation du travail n'existait pas, les entreprises ont imaginé des mesures sociales pour fidéliser et motiver leur personnel. Certaines ont financé des maisons ouvrières, comme pour les houillères, d'autres des caisses de retraite et de maladie, ou la semaine de vacances. Lors de la Première Guerre mondiale, André Citroën, qui fait travailler une main d'œuvre féminine, installe des vestiaires, des douches, un restaurant, une infirmerie... En avance sur son temps, il instaure également pour les femmes enceintes des primes mensuelles, de naissance, de convalescence et d'allaitement.

Nous ne sommes plus à l'époque d'Émile Zola, et les salariés sont protégés par une législation sociale que de nombreux travailleurs étrangers nous envient. Toutefois, les salariés ne sont ni plus motivés ni moins stressés. Les femmes doivent assumer leur vie professionnelle et familiale, les personnes de faible qualification ont du mal à intégrer un environnement sociétal complexe, les divorces accroissent le nombre de familles monoparentales. La vie professionnelle dans les grandes entreprises, situées la plupart du temps dans des agglomérations importantes, rajoute du temps de transport et de stress. Le salarié n'a plus le temps d'assumer toutes les tâches de sa vie personnelle.

L'entreprise qui, d'une certaine manière, le phagocyte, veut le libérer des contraintes du quotidien en lui offrant des services qui lui feront gagner du temps et donc du bien-être.

4.5.1 Le salarié devient client

Parmi les services qui se développent le plus, nous trouvons :

- la crèche sur le lieu de travail ;
- un service de conciergerie avec des prestations classiques : pressing, location voiture, soins...
- un programme d'assistance aux employés, par téléphone ;
- le massage sur le lieu de travail.

PRATIQUE +

Le groupe Accor a créé Accor Services et s'est inspiré des expériences anglo-saxonnes et américaines pour développer un service EAP (Employés assistance programme) auprès de ses salariés.

Cela s'est traduit par un service de conciergerie itinérante, mais également par une plate-forme téléphonique de conseil dédié aux salariés, dans des domaines très variés : l'aide parentale, des questions sociales, juridiques et fiscales. Ce service de conseil est totalement gratuit.

Le salarié devient un client pour son entreprise. Un client qui a des besoins, des préoccupations et de l'exigence. Les entreprises commencent donc à traiter en miroir le client externe et le client interne. Prochainement, elles appliqueront le CRM (*Customer Relationship Management*) au niveau des salariés, pour mieux les connaître et répondre à leurs attentes.

Vouloir créer les conditions d'un mieux-être des salariés fait partie de la palette d'une politique de DRHD. Est-ce pour contrebalancer le poids d'une exigence professionnelle de plus en plus forte ? Existe-t-il une volonté « écologique » d'un contrat gagnant-gagnant sans arrière pensée productiviste ?

Les salariés ne sont pas dupes. Ils sauront faire la différence entre un véritable partenariat et une ingérence dans leur vie personnelle, pour mieux « les presser comme des citrons » dans la vie professionnelle.

4.5.2 Le soutien psychologique des salariés

Est-ce le rôle de l'entreprise de soutenir ses salariés sur le plan psychologique lorsqu'ils rencontrent des difficultés dans leur vie personnelle ? Quand ils sont confrontés à un accident grave dans le cadre du travail, une prise d'otages ou une agression ?

Les réponses varient en fonction de la culture de l'entreprise et de son secteur d'activité. Dans le cas du braquage d'un magasin ou d'une banque, par exemple, certaines entreprises s'appuient sur une cellule psychologique externe pour accompagner les victimes et les aider à dépasser ce drame. Cette démarche, importée des pays anglo-saxons, commence à se développer en France.

Des sociétés privées, notamment canadiennes et britanniques, ont constitué des réseaux de psychologues et thérapeutes français, répartis sur l'ensemble de notre territoire, pour intervenir très rapidement sur un lieu de sinistre. Prévenus par la plate-forme téléphonique de l'entreprise abonnée, ils interviennent sous quarante-huit heures.

La plupart des psys sont formés en victimologie. Ils accompagnent non seulement les victimes mais aussi leur entourage.

PRATIQUE +

Lorsque l'un des managers d'une grande entreprise de l'industrie pharmaceutique a perdu les membres de sa famille dans un accident de voiture, son entreprise a appelé un psychologue pour l'accompagner dans son deuil, mais aussi pour aider son équipe à gérer son comportement à son égard.

Les programmes d'assistance aux employés intègrent les aspects psychologiques et sociaux. Lorsque l'entreprise adhère à une plate-forme d'assistance téléphonique, le prix de l'adhésion est généralement calculé sur le nombre de salariés. Un numéro vert est ensuite communiqué aux salariés qui peuvent appeler en toute confidentialité.

Il y a de plus en plus de familles monoparentales, de personnes dépressives et/ou alcooliques, de familles endettées qui ne peuvent plus s'investir totalement dans leur activité professionnelle car trop submergées par leurs difficultés personnelles. Les accidents de la vie – maladie, décès, divorce, chômage – peuvent toucher tout le monde. Faut-il se séparer d'un salarié qui n'arrive plus à assurer sa fonction parce qu'il tombe dans l'alcoolisme suite au décès tragique de son épouse ? Heureusement, la plupart des entreprises s'appuient sur le médecin du travail et l'assistante sociale pour accompagner le salarié en détresse.

Au-delà des cas très graves, l'offre d'un numéro vert est une prestation qui s'intègre bien dans la volonté de l'entreprise de fidéliser et de prendre soin de ses salariés. Est-ce du paternalisme, de l'humanisme, ou simplement du pragmatisme qui part du principe qu'une personne bien dans sa tête et dans son corps sera plus efficace au travail ?

4.5.3 Articulation temps de vie avec temps de travail

D'autres entreprises – par exemple Monoprix – interviennent sur l'articulation temps de vie/temps de travail pour lutter contre les inégalités entre hommes et femmes.

Des études ont montré que le temps consacré à la famille et aux enfants pénalise les femmes sur le plan professionnel. Elles effectuent 80 % des tâches domestiques, auxquelles elles consacrent deux fois plus de temps que les hommes.

PRATIQUE +

Le groupe Monoprix a rejoint le projet Equal, un programme d'initiative communautaire de lutte contre les discriminations et inégalités face à l'emploi.

Cette entreprise, qui emploie plus de 16 000 personnes réparties sur toute la France, compte 75 % de femmes aux postes liés à l'encaissement et à la vente. La plupart de ces employées résident en banlieue, donc loin de leur lieu de travail. Elles ne sont guère disponibles pour des formations qui nécessitent de prendre du temps sur la vie de famille.

Dans ce contexte, l'entreprise a mené une expérimentation dans deux magasins. Pour faciliter leur quotidien, les employées ont manifesté leur besoin d'avoir accès plus facilement aux services en ligne que proposent de plus en plus les collectivités locales et les entreprises.

L'entreprise a donc créé un module d'autoformation à l'utilisation de l'internet. En contrepartie, et pour les aider à libérer du temps pour leur formation, elle leur a offert un service gratuit de repassage. Les employées apportaient dans leur entreprise leur linge à repasser.

Ce type de dispositif gagnant a permis de faire diminuer le turn-over de ces deux magasins.

4.6 Une organisation souple mais rigoureuse du travail

Pour se développer dans un environnement mouvant, une organisation créative et souple permet de mieux gérer l'emploi et le temps de travail. L'entreprise doit constamment se réorganiser et s'ajuster à son marché. Il en est de même des salariés. C'est un des éléments de la règle du jeu gagnant-gagnant, à laquelle chacun contribue en vue de la pérennité de son entreprise.

Des mesures de télétravail, de temps partiel, d'annualisation du temps de travail – en fonction de l'activité saisonnière de l'entreprise – sont autant de dispositifs censés diminuer les frais de structure, augmenter la productivité, améliorer la performance de l'entreprise, donc sécuriser les emplois. Beaucoup d'experts en management ont milité en faveur de ce type d'organisation du travail, s'opposant ainsi à une vision tayloriste de l'entreprise. Or, cette exigence conduit régulièrement à des comportements d'entreprise opposés aux principes du DRHD. Pour éviter cet écueil, le développement durable doit être l'objectif principal des résultats de l'entreprise : la qualité du travail, ses conséquences sur l'environnement et les générations futures. Nous ne considérons pas le DD comme une pratique luxueuse réservée à des entreprises riches. Bien au contraire, nous refusons d'associer DD et facilité : le DD ne doit pas conduire à une pratique assoupie du management. C'est une école d'exigence où il n'y a de place ni pour le gaspillage ni pour la surconsommation. Les postes de travail doivent être économes, les salariés formés à l'utilisation optimale de ressources minimales. Sur le plan des individus, la simplicité de l'organisation doit contrebalancer la complexité des rapports humains. Ces présupposés éviteront une vision « molle » du développement durable. Ils sont propres à générer des challenges internes. Dès lors, la crainte de voir le développement durable générer une lourdeur irréversible disparaît.

4.7 L'implication des salariés dans le développement durable

Certaines entreprises intègrent l'écologie dans leur politique de développement durable : du choix des matériaux de construction des bâtiments à la délocalisation de la grande agglomération vers la campagne.

L'investissement dans la formation d'écocollaborateurs est obligatoire pour certaines filières métiers : les achats doivent pratiquer l'écoconception dans leur processus de travail. Il est facultatif pour les populations de *back office.*

Toutefois, l'entreprise peut-elle véritablement mener une politique DRHD sans l'appui de son management et sans l'implication de ses salariés ? Peut-elle développer du DRHD sans écomanager et écocollaborateur ? Le premier a la responsabilité de diffuser les principes de la charte du DRHD et de les mettre en œuvre, le second de les concrétiser et de les faire vivre.

Dans le cadre de la direction des ressources humaines, l'éco-conception intègre l'environnemental et l'équité sociale[1] :

Thème	Action	But	Notes
Transport du personnel	Développer le covoiturage	Diminution de la pollution de l'air et de l'effet de serre	Avec prime et place de parking réservée
Transport du personnel	Prime de transport pour les personnes qui viennent à vélo	Diminution de la pollution de l'air et de l'effet de serre	À moins de 5 km de son lieu de travail, il est raisonnable de penser que l'on peut venir à vélo.

PRATIQUE +

Le laboratoire **Aventis Pasteur**, implanté dans la banlieue lyonnaise, a encouragé ses salariés à laisser leur voiture au garage. Il a signé une convention avec les transports en commun lyonnais et l'ADEME (Agence de l'environnement et de la maîtrise de l'énergie) pour favoriser le covoiturage et améliorer la desserte de son site par autobus. Plusieurs constats ont incité cette entreprise à cette démarche innovante :

- Saturation du trafic urbain à Lyon et sa banlieue avec des déplacements domicile-travail effectués en majorité en voiture ;
- Nuisance de plus en plus importante pour les habitants ;
- Parking de l'entreprise totalement saturé, avec presque une voiture par salarié ;
- Des trajets et des horaires de transport en commun qui ne conviennent plus au développement de l'usine.

1. Tableau issu du mémoire réalisé par Ludovic Lusignet, en 2003, dans le cadre de son cycle continu DESTO.

Après une enquête interne, le laboratoire a élaboré un plan d'action prévoyant :

1. le développement du covoiturage ;
2. le renforcement des lignes de car ;
3. la création d'une nouvelle ligne de car.

Le dispositif garantit un moyen de transport fiable, tant pour aller travailler que pour revenir chez soi.

Devenir écocollaborateur, c'est également être un écocitoyen qui trie ses déchets, fait des économies d'énergie, privilégie des produits labellisés DD, utilise une voiture non polluante, prend du papier recyclé… C'est une attitude responsable, qui nous fait évoluer en tant que consommateur, mais aussi en tant que salarié.

Un ingénieur dans une PME a calculé que le fait d'éteindre l'éclairage des bureaux en période estivale, pour s'éclairer à la lumière du jour, permettait d'économiser 350 000 kWh par an, soit la réduction d'une pollution équivalente à celle de 4 300 voitures en une journée, qui équivaut à une économie de 26 000 euros.

Si les salariés ne voient dans ce constat que le profit réalisé par l'entreprise, ils ne seront pas enclins à faire des économies d'énergie. En revanche, si l'entreprise insiste sur cet aspect écologique, ils se sentiront davantage concernés.

D'une manière générale, la communication sur les pratiques écologiques au sein de l'entreprise doit être permanente, dans la mesure où le gaspillage est bien ancré dans les habitudes.

4.8 Une répartition équitable des rémunérations et des richesses

La politique de rémunération est un volet important de la mission du DRH et le dialogue social est essentiel pour aboutir à des solutions constructives et innovantes.

La masse salariale représente un poids très important dans le compte d'exploitation de l'entreprise. Si 1 % d'augmentation net sur la fiche de paie d'un salarié n'est pas significatif, ce même pourcentage sur l'ensemble des salariés représente pour l'entreprise un investissement important mais non productif : il n'est pas porteur de motivation, donc de productivité.

La rémunération est un sujet délicat à aborder, surtout dans un contexte économique difficile, qui demande à l'entreprise de diminuer sa masse salariale. Quel que soit le contexte, l'entreprise peut jouer sur différentes formes de rémunération :

- prime individuelle sur les résultats obtenus par le salarié ;
- prime collective calculée sur les bénéfices de l'entreprise ;
- accord d'intéressement ;
- plan d'épargne entreprise ;
- actionnariat d'entreprise ;
- stock-options…

D'une manière générale, la politique de rémunération doit tendre vers une meilleure équité entre les hommes et les femmes, intégrer une variable sur la rémunération en fonction de la situation financière de l'entreprise, faciliter l'accès à l'actionnariat d'entreprise pour que les salariés se sentent davantage impliqués dans l'entreprise et offrir des services périphériques sous la forme d'avantages en nature, de vrais plus dans le budget d'un salarié.

4.8.1 *L'équité salariale*

L'équité salariale fait débat dans de nombreux pays. Les Québécois ont même édicté une loi pour la favoriser. En France, c'est un débat permanent. Selon une étude récente chez les cadres de l'Ile-de-France, l'écart salarial entre les deux sexes pourrait atteindre plus de 35 %. Si dans notre pays la législation sociale cherche à favoriser la discrimination positive, elle ne s'est pas encore aventurée sur le terrain de l'équité salariale.

« Équité » est un terme humaniste et philosophique qu'il n'est pas facile d'appliquer au domaine économique. Dans une acception large, l'équité est inhérente à l'idée du juste. C'est un principe qui fait référence à la notion de justice, de légitime plutôt que de légal.

Est-il juste que deux personnes de même sexe, de même âge, de même formation et qui font le même métier soient rémunérées de la même manière si l'un des deux travaille plus et mieux ? Que deux personnes de sexe différent, de même âge, de même formation et qui font le même métier soient rémunérées avec plus de 20 à 30 % d'écart ? Que deux personnes faisant le même métier, avec le même niveau d'excellence, soient rémunérées de manière différente parce que l'une d'elles a une formation initiale supérieure ou quelques années de plus ? Qu'un jeune commercial bac + 2, recruté en 2004, ait une rémunération de 10 % supérieure à celle du jeune commercial, recruté en 2003, dans la même entreprise ?

Les exemples de disparité sont nombreux. Les salariés, ne doivent pas confondre équité et égalité. L'équité est un principe de rééquilibrage, de justice sociale.

Le responsable du recrutement tient compte de l'évolution du marché et fixe sa grille de rémunération en fonction de l'offre et de la demande. Le responsable de la politique salariale veille à l'équilibre financier de son entreprise, sans oublier les disparités de salaires.

Étant donné le poids de la masse salariale sur le compte d'exploitation de l'entreprise, il n'est pas facile de mettre rapidement en œuvre une politique de rattrapage.

PRATIQUE +

Dans le cadre de sa politique de cohésion sociale, le Crédit Lyonnais a analysé les écarts de rémunération, par métier et par classification, en tenant compte du salaire fixe et de la rémunération variable. Ce travail a permis de construire une cartographie des salaires avec une fourchette haute et basse. Grâce à cette méthodologie, les GRH (Gestionnaires des ressources humaines) ont repositionné les rémunérations des salariés en fonction de leur métier et responsabilité. Ils ont ainsi mieux géré les augmentations de salaire en rattrapant dans le temps les salaires les plus bas. Aujourd'hui, chaque salarié peut mieux se situer dans la grille de rémunération et mieux accepter la politique d'augmentation mise en place par le management.

Pour lutter contre l'iniquité salariale entre les hommes et les femmes et conforter l'adoption, en 1975, d'une charte qui prévoyait que « tout employeur doit, sans discrimination, accorder un traitement ou un salaire égal aux membres de son personnel qui accomplissent un travail équivalent au même endroit », les Québécois ont voté la loi 35 pour obliger les entreprises à corriger les inégalités de rémunération que subissent les femmes.

Une commission sur l'équité salariale a été mise en place pour faciliter l'implantation de cette loi. Elle propose une démarche en douze étapes :

1. **Déterminer le nombre de personnes salariées**

   Cela comprend le personnel à temps plein, à temps partiel, occasionnel, régulier ou temporaire.

2. **Déterminer le nombre de programmes d'équité salariale requis**

   L'entreprise peut mettre en place des programmes différents en fonction de ses établissements et lieu géographique de travail.

3. **Déterminer la composition du comité d'équité salariale**

   La direction représente 1/3 du comité ; les salariés en forment les 2/3. On compte 50 % de femmes et une représentativité des différentes catégories d'emplois.

4. **Identifier les catégories d'emplois à prédominance féminine**

   Regrouper les fonctions, les responsabilités et les qualifications semblables.

5. **Choisir la méthode et les outils d'évaluation des catégories d'emplois et élaborer l'évaluation**

   Au moins quatre facteurs doivent être pris en compte :

   - les qualifications requises ;
   - les responsabilités assumées ;
   - les efforts requis ;
   - les conditions dans lesquelles le travail est exercé.

6. **Afficher les résultats de l'identification des catégories d'emplois et de la méthode retenue**

   L'affichage a pour but d'assurer la transparence sur la démarche d'équité salariale.

7. **Évaluer les catégories d'emplois**

   L'évaluation doit porter sur les caractéristiques de la catégorie d'emploi et non sur les personnes salariées qui occupent les emplois.

8. **Estimer les écarts salariaux**

   La rémunération prise en compte comprend :

   - le salaire de base ;
   - la rémunération flexible ;
   - les avantages à valeur pécuniaire, en dehors des indemnités et des primes.

9. **Définir les modalités de versement des ajustements salariaux**

   Ce sont les catégories d'emplois à prédominance féminine qui devront faire l'objet d'un ajustement, de manière à éliminer l'écart salarial observé. Ces modalités seront déterminées avec les partenaires sociaux.

10. **Afficher l'ensemble des résultats**

    Le comité d'équité salarial ou, en l'absence de comité, l'employeur, doit afficher les résultats du programme d'équité salariale.

11. **Procéder au versement des ajustements salariaux**

    Les modalités de versement pour ajuster les salaires seront déterminées avec les partenaires sociaux. L'étalement devra tenir compte de la situation économique de l'entreprise.

12. **Maintenir l'équité salariale**

    L'employeur s'engage à maintenir l'équité salariale, et ce malgré les changements que peut connaître l'organisation, notamment la création de nouveaux emplois, de nouvelles catégories d'emplois, des modifications aux emplois actuels ou à leurs conditions.

    La démarche québécoise, principalement orientée sur l'iniquité entre les deux sexes, pourrait également concerner d'autres écarts, comme ceux entre les jeunes et les moins jeunes, les diplômés et les moins diplômés, les travailleurs français et étrangers.

    Le renouvellement important de la population active devrait permettre aux entreprises de repartir sur de meilleures bases en matière d'équité salariale.

4.8.2 L'actionnariat salarié

Contrairement à l'épargne salariale – dont le principe est une gestion collective de l'épargne des salariés d'une même branche d'activité ou d'une même zone géographique –, l'actionnariat salarié se conçoit au sein d'une seule et même entreprise. L'idée est de donner aux collaborateurs un accès privilégié au capital. Les dirigeants parient sur une plus grande motivation des salariés pour accompagner aussi bien qu'ils le peuvent le développement et la réussite de la société. La mise en place d'un plan d'actionnariat salarié ne s'applique qu'aux grandes entreprises cotées, où l'ouverture du capital aux salariés peut se faire sans trop déstabiliser l'actionnariat.

Toutefois, ce dispositif n'a pas vraiment donné aux salariés actionnaires de levier supplémentaire pour influencer la politique sociale de leur entreprise. Au même titre que l'ensemble des actionnaires minoritaires, les salariés actionnaires représentent une force très relative dans l'entreprise.

Dans le contexte des PME, l'ouverture du capital aux salariés provoque un changement important. Les nouveaux salariés actionnaires se comportent comme des co-entrepreneurs. Dès que le niveau d'actionnariat salarié dépasse le seuil de 25 à 30 %, la direction de l'entreprise commence à s'apparenter à la coopérative de production et à l'économie sociale. Elle prend davantage en compte les parties prenantes et assume plus facilement sa responsabilité sociale et civile.

L'ouverture du capital est une bonne manière d'assurer la continuité de l'entreprise après le départ à la retraite de son dirigeant. « Il y a clairement un lien social plus fort dans les entreprises où l'actionnariat salarié est pratiqué », souligne Jean-Claude Mothié, président de la FAS, la Fédération française des associations d'actionnaires salariés. Il semble que ce lien soit dû avant tout à la bonne volonté des directions d'entreprises pour lesquelles la décision de mettre en place un actionnariat salarié exprime la volonté de mieux impliquer les salariés dans la vie et le devenir de la société.

Pour la plupart des salariés actionnaires, le développement durable est une découverte récente. En revanche, Luc Chandesris, délégué général de Fondact, signale que « la labélisation des fonds de placement par les syndicats, qui s'appuie en partie sur la prise en compte d'aspects du développement durable dans la gestion, est déjà une première étape [...] Il est probable que cela aide la notion de développement durable à faire son chemin parmi les salariés ».

PRATIQUE +

La **SSII Unilog** a mis en place différentes formules d'accès à l'actionnariat pour renforcer la convergence entre les intérêts de l'entreprise et ceux des salariés. Par exemple, les managers, qui représentent environ 10 % des effectifs, sont invités régulièrement à investir dans le capital.

> Le niveau d'investissement demandé est proportionnel à leur niveau de responsabilité. Cette volonté de développer des managers-actionnaires vise un double objectif : motivation financière et préservation de l'indépendance de l'entreprise.
>
> En revanche, les aléas boursiers, avec l'effondrement de la bulle internet, ont mis en difficulté certains managers qui avaient acheté au plus haut l'action de leur entreprise.

4.8.3 Le PEE

À la différence de l'actionnariat salarié, le PEE (Plan d'épargne d'entreprise) est ouvert à toutes les entreprises. C'est un outil financier qui incite les salariés à constituer un capital en valeurs mobilières, en abondant une partie de l'épargne.

Le PEE peut être mis en place soit à l'initiative de la direction, soit par voie d'accord collectif.

L'alimentation du PEE s'effectue par le versement des salariés et l'abondement de l'employeur qui complète l'épargne. Le salarié peut :

- verser les fonds provenant de l'intéressement et de la participation ;
- faire des versements libres, s'il le souhaite.

Les sommes ainsi épargnées sont bloquées au minimum pendant cinq ans. Le capital, les revenus et les plus-values du PEE sont exonérés d'impôt.

Le PEE est d'autant plus intéressant que l'entreprise a souscrit un accord collectif d'intéressement, qui permettra au salarié de verser son intéressement directement dans son PEE et de bénéficier des avantages fiscaux.

4.8.4 L'accord d'intéressement

L'intéressement, c'est la faculté de faire bénéficier l'ensemble des salariés des fruits de l'entreprise. En aucun cas l'intéressement ne peut remplacer un élément de salaire.

Toute entreprise peut signer un accord collectif d'intéressement dès lors qu'elle a respecté ses éventuelles obligations en matière de représentation du personnel.

Pour être valable, le montant doit être aléatoire et résulter d'une formule de calcul liée aux résultats ou aux performances de l'entreprise.

Trois possibilités de base de calcul pour l'intéressement :

L'intéressement est lié aux résultats

Ce mode de calcul s'appuie sur les indicateurs financiers ou comptables de l'entreprise, qui mesurent sa rentabilité économique ou financière. Le versement de l'intéressement, calculé selon une formule à expliciter dans l'accord, intervient au-delà d'un certain montant de bénéfice fiscal, comptable ou d'exploitation, par exemple.

La formule vise à favoriser la contribution des salariés aux performances de l'entreprise. Dans ce cas, le versement interviendra uniquement si l'entreprise atteint des objectifs de qualité, de sécurité, de satisfaction des clients, etc. L'accord peut aussi prendre en compte l'amélioration de la productivité. Attention : les paramètres retenus doivent être « objectifs, quantifiables et vérifiables ».

L'intéressement varie selon les unités de travail

Il est possible d'instaurer des modes de calcul différents selon les unités de travail : magasin, atelier, service, chantier, unité de production, etc. L'unité de travail définit un groupe de salariés : ils travaillent habituellement ensemble ; ils exécutent des tâches identiques ou proches ; leurs conditions de travail sont analogues ; ils sont placés sous la responsabilité d'un même encadrement.

Rémunération variable, gestion équitable des salaires, participation aux résultats de l'entreprise, prime liée à la performance, épargne salariale, autant d'outils qui doivent permettre un meilleur pilotage de la masse salariale, en lien avec la situation économique et financière de l'entreprise.

Pour optimiser la politique de rémunération et en faire un outil de management social, tous les acteurs de l'entreprise doivent jouer le jeu. Par exemple, les dirigeants évitent de s'octroyer des augmentations exorbitantes, alors que leur entreprise est en difficulté, bloque les salaires et licencie des salariés. Dans ce type de contexte, les salariés acceptent une baisse de rémunération, notamment sur leur partie variable, pour éviter un déséquilibre financier qui endommagerait la capacité de rebond de leur entreprise.

La transparence de la politique salariale est également un outil de dialogue social gagnant-gagnant, qu'il n'est pas toujours facile d'aborder dans notre culture française, où l'argent reste un sujet tabou et un thème d'affrontement social.

4.9 Une gestion intelligente des départs

La direction des ressources humaines doit gérer de multiples formes de départ : les licenciements, les démissions, les départs naturels liés à la retraite…

L'entreprise a le sentiment que sa pratique de suppression d'emplois reste sociale à partir du moment où elle prévoit non pas le licenciement des salariés âgés de 55 ans mais leur départ en préretraite. Il est vrai que la pénibilité de certains postes de travail justifie ce départ anticipé, mais il faut souligner que les dispositifs de l'État n'ont guère incité les entreprises à garder leurs salariés de plus de 55 ans. Les entreprises préfèrent donc transférer leurs charges sur l'assurance chômage. Toutefois, toutes les entreprises n'utilisent pas les seniors comme variable d'ajustement économique et financière.

Face aux insuffisances collectives ou individuelles, le DRHD recommande une attitude solidaire. Dès lors, comment concilier DRHD et réduction d'effectifs ? Sont-ils, d'ailleurs, conciliables ?

Dans une organisation où le DRHD est érigé en principe, la question des licenciements s'avère plus que douloureuse. Il est en effet difficile pour un salarié de considérer que sa place peut être remise en cause dans un système qui prône le respect individuel le plus strict.

4.9.1 La recherche de solutions alternatives au licenciement

Une gestion équitable des emplois dépend fortement de la volonté de l'entreprise de trouver, avec les salariés et les partenaires sociaux, des solutions alternatives au licenciement économique.

Si le départ en préretraite est la solution de facilité, elle reste dommageable pour les salariés non volontaires et pour l'entreprise, qui perd une partie de son expertise.

Pour la direction générale, la suppression d'effectifs a pour effet immédiat de baisser les coûts et d'augmenter la productivité et la rentabilité de l'entreprise. L'entreprise a pour vocation d'être rentable et de générer des profits. Elle construit sa performance économique soit sur un principe de donnant-donnant, avec des salariés qu'elle paie en contrepartie de leurs compétences, soit sur un principe de gagnant-gagnant, soutenu par un management et un dialogue social permanent.

Le donnant-donnant est une transaction qui se situe en permanence dans le court terme. Elle peut s'interrompre à tout moment en fonction des opportunités et des risques du marché. C'est une approche qui ne s'inscrit pas dans le durable mais dans un contrat clair où chacun connaît son rôle. Les entreprises qui pratiquent ce type d'échange attirent plus particulièrement les profils mercenaires. En cas de difficultés économiques, la rupture du contrat de travail est la solution retenue. Les Anglo-Saxons sont réputés pour pratiquer ce style de transaction.

Le gagnant-gagnant est une transaction qui s'inscrit dans la temporalité et dans le DRHD. Une forte culture d'appartenance permet de mieux faire face aux aléas économiques et financiers. Dans cette approche, l'entreprise met en place des dispositifs de rémunération variable, en fonction de ses résultats. C'est donc cette variable sur le salaire, et non la suppression d'effectifs, qui va servir de variable d'ajustement pour équilibrer les comptes.

Ce type de transaction se met en place lorsque les résultats de l'entreprise sont en phase de croissance. L'entreprise fait de l'innovation sociale et partage les bénéfices. Elle développe une culture d'apprenance et favorise la promotion interne. En période de crise, la solidarité et la fierté d'appartenance permettront à l'entreprise et à ses salariés de faire face aux difficultés économiques autrement que par des licenciements.

Dans les grandes entreprises, le rôle des partenaires sociaux est primordial. L'entreprise doit en faire des alliés et non des opposants militants. Transparence et dialogue social sont les maîtres mots d'une transaction gagnant-gagnant.

PRATIQUE +

Pour la SSII Unilog, le coût des ressources humaines est considéré comme un investissement. Afin de s'adapter aux variations de conjoncture, cette entreprise développe une politique de flexibilité de la rémunération. Elle pratique depuis longtemps la rémunération variable pour tous, prélevée sur un premier niveau de marge et distribuée selon des critères personnalisés.

La variation de cette marge entraîne une variation des rémunérations et, in fine, une variation de la masse salariale. En période de conjoncture difficile et de réduction de marge, la masse salariale diminue par ricochet. Dans le cas où ce mécanisme régulateur est insuffisant pour faire face à une crise profonde, l'entreprise, en accord avec les partenaires sociaux, réduit les salaires des managers plutôt que d'initier une baisse d'effectifs.

Dans un secteur informatique fluctuant, cette entreprise refuse de « jouer au yo-yo » avec ses salariés. Elle préfère garder toutes ses compétences intactes pour faire face au rebond économique.

Cette démarche gagnant-gagnant a permis de signer un accord avec les syndicats : le salaire moyen peut baisser si l'entreprise ne réduit pas ses effectifs et continue de recruter.

Quand les licenciements sont inévitables, l'annonce doit être sans ambiguïté et définitive. Atermoiements et déclarations allusives sont à proscrire. Rien n'est pire que les non-dits et la non-concertation. Les doutes détruisent le ciment social. L'exemple de la déconfiture d'Air Lib est convaincant : la disparition de la confiance entre la direction et le comité d'entreprise a précipité la chute. Le différend s'est poursuivi devant les tribunaux.

4.9.2 Le suivi des démissionnaires

À l'époque d'Usinor, nous avons assisté à l'érosion progressive de la motivation, puis au départ volontaire d'un jeune cadre considéré comme une valeur montante du groupe, un futur cadre de direction au niveau *corporate*.

La hiérarchie et la DRH sont restées sourdes aux préconisations de ce cadre, malgré l'excellence de ses résultats, et sa lettre de démission n'a provoqué qu'une réaction purement administrative : régler les détails du départ – dates et conditions.

Le développement durable des ressources humaines passe par le développement des compétences et des organisations. Dans le cas présent, il s'agit plutôt d'incompétence et de perte sèche.

Le DRHD se garderait de se séparer de ce type de collaborateur ou prendrait soin de prolonger les liens avec le démissionnaire. En ce sens, les initiatives d'accompagnement sont recommandables : aide à la création d'activité, bilan de compétences, *outplacement*...

L'idée directrice est de capitaliser sur la relation existante et de prendre un pari : la valorisation de l'entreprise par le salarié partant.

Cette valorisation à distance peut se faire sur différents plans :

- Valorisation par l'image : élémentaire mais très payant.
- Valorisation par des liens d'activité futurs : les formes d'essaimage les plus efficaces s'y rattachent.

- Valorisation par une possible future collaboration directe : riche de nouvelles compétences et motivation, le salarié vient en toute connaissance de cause retravailler, à terme, dans l'organisation.

4.9.3 La gestion des départs à la retraite

Les seniors sont souvent les mal-aimés de l'entreprise. Les préjugés ont la vie dure :

- Ils ne sont plus motivés.
- Ils ne veulent pas changer.
- Ils travaillent lentement.
- Ils ne comprennent pas les jeunes.
- Ils coûtent cher…

Souvent, ils quittent leur entreprise dans l'anonymat comme si elle n'avait gardé aucune mémoire de ce qu'ils avaient fait pour la développer et parfois la sauvegarder. Aucune reconnaissance ne leur est manifestée. L'entreprise oublie que ses futurs retraités véhiculent son image de marque, que ce sont également des consommateurs, des clients potentiels.

Dans le cadre du DRHD, l'entreprise peut agir à plusieurs niveaux :

- Nommer un responsable de la gestion des plus de 50 ans.
- Valoriser le transfert de compétences des anciens vers les plus jeunes.
- Gérer la pénibilité de certains postes de travail.
- Préparer le départ à la retraite.

Nomination d'un responsable de la gestion des seniors

Nous avons vu plus haut comme il était important de motiver les salariés de plus de 45 ans et de leur proposer des perspectives porteuses de sens. Un accompagnement professionnel est un moyen de promouvoir une gestion RH différenciante.

Le responsable de la gestion des seniors, avec l'appui des RH de son entreprise, prendra en charge tous les aspects liés à cette population :

- Motivation.
- Formation.
- Évolution.
- Changement de métier.
- Réduction du temps de travail.
- Transfert de compétences.
- Ergonomie du poste de travail.
- Préparation à la retraite.

Un sujet aussi crucial doit être traité comme un projet majeur qui nécessite un excellent pilote, une contribution interne maximale et un contrôle strict des étapes et des délais.

Le comité de pilotage sera composé de salariés représentatifs de la cible, mais aussi de partenaires sociaux et de RH.

Le transfert des compétences vers les plus jeunes

De nombreuses entreprises, notamment dans l'industrie, ont dû rappeler d'anciens collaborateurs pour transmettre leur savoir-faire aux plus jeunes. La préservation des compétences et des savoirs d'actions est un capital qui s'est construit au fil du temps, sur lequel l'entreprise a investi, mais qu'elle a tendance à sous-évaluer.

Le transfert de compétences s'organise progressivement. Deux approches sont généralement utilisées :

- L'apprentissage et le tutorat.
- La gestion des connaissances.

Même si l'apprentissage n'est pas valorisé auprès des jeunes, il reste, pour l'entreprise, un excellent moyen d'intégration et de transfert de compétences et, pour le jeune, l'assurance d'acquérir un métier et un emploi.

La gestion des connaissances est plus complexe à mettre en œuvre. Quatre étapes sont à suivre :

- Identifier les différentes « connaissances » implicites et explicites, essentielles pour l'entreprise.
- Formaliser et conserver ces données.
- Diffuser ces connaissances.
- Actualiser et enrichir en permanence la base de connaissances.

Si la création d'une base de connaissances utiles n'est pas facile à réaliser, sa gestion et sa mise à jour régulière rendent cette démarche difficile à tenir dans le temps.

Gérer la pénibilité de certains postes de travail

Dans une logique de DRHD, il est important de réfléchir à l'impact du vieillissement de la pyramide des âges, tant sur les aspects démographiques que sur les aspects psychologiques et physiques.

Avec l'âge, même si l'esprit reste vif, le corps supporte de moins en moins la pénibilité de certaines tâches physiques, ce qui se traduit par une augmentation d'arrêts maladies et de demandes de départs négociés.

Dans l'industrie, des entreprises ont investi pour développer une meilleure ergonomie des postes de travail et en diminuer la pénibilité. Ainsi, PSA Peugeot-Citroën a embauché de nombreux ergonomes pour participer à l'élaboration des différentes phases techniques de la production d'un nouveau véhicule.

Préparer le départ à la retraite

Le passage d'une vie de salarié à une vie de retraité est souvent vécu comme une rupture, un deuil d'autant plus difficile à vivre que ce moment n'a pas vraiment été préparé, ni au sein du couple ni dans l'entreprise.

Si accompagner l'intégration du salarié dans l'entreprise apparaît normal et utile, les dirigeants semblent vivre l'aide au départ comme une perte d'argent et de temps.

Selon nous, l'entreprise doit accompagner le salarié tout au long de sa carrière, et cela jusqu'à la dernière étape de la séparation. Dans cette dernière phase, l'entreprise demande au salarié de transférer ses dossiers, ses compétences, tandis que le salarié, lui, demande de la reconnaissance. Aider les salariés à préparer leur départ à la retraite, c'est leur envoyer un message de remerciement et de considération pour les années passées au sein de l'entreprise.

Cet accompagnement se fait généralement sous forme de séminaires. Certaines entreprises acceptent que ces séminaires soient suivis en couple. Les thèmes abordés touchent principalement les domaines suivants :

- Santé.
- Gestion du patrimoine.
- Donation aux enfants.
- Calcul de la retraite.
- Droits.
- Vie associative et active pendant la retraite…

Notre expérience nous a montré qu'il était pertinent de proposer un séminaire cinq ans avant le départ et un autre pendant l'année du départ.

Exemple de l'entreprise de Daniel Durand : Gérer progressivement les départs

Notre entreprise va connaître des départs massifs dans les cinq prochaines années. Nous devons relever trois défis.

1. **Devenir davantage attractifs pour mieux recruter nos futurs collaborateurs**

   La plupart des entreprises d'après-guerre se retrouvent avec une pyramide des âges vieillissante et des départs en nombre dans les prochaines années. Si, aujourd'hui, nos recrutements répondent à nos besoins immédiats et à notre croissance, il faudra anticiper très prochainement ce flux sortant de compétences. L'offre d'emploi va donc devenir très rapidement supérieure à la demande. Il y aura une forte concurrence entre les entreprises et un risque important de surenchère salariale. Pour éviter la pénurie de main d'œuvre et se positionner sur le marché, nous comptons :

   - renforcer notre démarche DRHD pour faire valoir nos valeurs, nos pratiques de management et donner du sens au quotidien ;
   - accroître le nombre d'apprentis et de stagiaires d'entreprises ;
   - améliorer notre lien avec les écoles ;
   - développer et récompenser le parrainage interne ;
   - nous appuyer sur nos seniors pour participer à la communication externe sur l'entreprise ;
   - développer des partenariats avec des écoles étrangères en nous appuyant sur nos filiales.

2. **Assurer la préservation de notre capital de savoirs en facilitant le transfert de compétences des seniors aux juniors**

   La richesse de notre entreprise repose dans la compétence de nos seniors. Il est essentiel d'identifier les compétences clés, les habiletés spécifiques pour les formaliser et les transmettre. Nous comptons :

   - mettre en place des groupes d'analyse de pratiques ;
   - repérer les pratiques gagnantes et aider nos experts à les formaliser ;

- former 10 % de nos seniors au tutorat pour accompagner les jeunes recrutés et les apprentis ;
- faire écrire et filmer la pratique des métiers de notre entreprise, de manière à en garder la mémoire.

3. Aider nos salariés en fin de carrière à rester motivés et à préparer progressivement leur départ de l'entreprise

Nous allons prévoir des dispositifs à temps partiel pour les plus de 60 ans afin qu'ils se préparent en douceur à la vie après l'entreprise.

En partenariat avec la médecine du travail et des ergonomes, nous allons recenser les traumatismes et inaptitudes physiques les plus développés dans notre population des plus de 55 ans et faire des propositions en lien avec le CHSCT pour apporter des modifications aux postes et au temps de travail.

Nous avons passé un accord avec une association pour aider nos collaborateurs à mieux préparer leur retraite. Ils pourront assister à des conférences trimestrielles et trouver toutes les informations nécessaires dans le guide qui leur sera offert.

Notre culture d'appartenance et notre investissement permanent dans les RH, depuis des années, sont des atouts forts pour relever nos défis. Aujourd'hui, nous avons besoin de l'énergie et de la mobilisation de nos seniors pour passer le témoin à leurs remplaçants. De la qualité de ce passage dépendra la poursuite de la performance de notre entreprise.

La qualité RH d'une entreprise se juge autant à l'intégration d'un salarié qu'à l'accompagnement de son départ.

Les entreprises ont un important défi à relever : gérer intelligemment les départs massifs à venir et l'intégration de nouveaux salariés à former et à motiver. Plus les seniors seront reconnus et considérés, plus l'entreprise aura de facilité à recruter et à former ses nouvelles ressources.

4.10 Communication interne

4.10.1 L'intensité de la communication interne

Une communication interne riche favorise l'assimilation, la participation et la crédibilité des initiatives progressistes.

Dans les entreprises, plusieurs sujets récurrents doivent constituer la base des flux de communication.

- Les informations économiques : objectifs, résultats, données chiffrées liées à l'activité.
- Les informations liées à l'actualité sociale de l'entreprise : formations, évolutions de l'organisation, missions en cours…
- Les informations à caractère individuel : promotions, initiatives privées, événements familiaux…

Chaque entreprise peut se positionner vis-à-vis de ces différents flux, dans une perspective de progrès.

Que pouvons-nous faire de mieux sur chacun des axes ? En quoi pouvons-nous progresser qualitativement dans ces registres de communication ? Comment le DD s'insère-t-il en tant que thème et valeur de ces flux ?

L'entreprise en question s'efforcera de construire une échelle de progrès à partir du constat initial. Cette échelle peut comprendre cinq niveaux, comme une échelle de Likert :

- Très insuffisant.
- Insuffisant.
- Passable.
- Bien.
- Très bien.

Un comité de communication, auquel participent bien entendu des champions du DD, aura la charge de définir le niveau de départ de l'organisation sur différents thèmes de communication choisis.

Il s'agit donc d'une forme d'auto-évaluation. Une forme collective d'auto-évaluation. Le niveau d'origine constaté n'est finalement pas très important. Ce qui compte réellement, c'est la « pente de progrès » possible, et le constat formalisé pas à pas des progrès réalisés.

4.10.2 Principes

Nous avons sélectionné trois principes clés en matière de communication interne, parmi tous les bons principes de communication, rarement appliqués.

Principe 1 : Une communication durable favorise le développement des organisations.

Un constat s'impose : dans les organisations, les collaborateurs ont de moins en moins l'occasion de réfléchir ensemble. Or, c'est dans la communication constructive que fermentent les projets et les pensées partagées.

La notion de flux tendu a ainsi tendance à s'imposer également sur le plan de l'échange d'informations. Les réunions deviennent soit de plus en plus secondaires, soit de simples enregistrements de décisions déjà prises.

Le temps du dialogue et de l'ajustement se fait parallèlement plus rare.

Les ressources humaines s'en trouvent fragilisées.

Principe 2 : Nécessaire cohérence entre communication et « réalité » de l'entreprise.

Beaucoup d'entreprises considèrent le développement durable comme un prétexte de communication. Le thème est à la mode. Il est porteur de valeurs positives. Il y a donc intérêt à s'y associer. Toutefois, si la réalité de l'entreprise est très éloignée du contenu des messages, le résultat sera l'inverse du but visé.

L'entreprise qui revendique son attachement au DD sans appliquer concrètement une majorité de principes évoqués dans ce livre se verra pénalisée : la conséquence du décalage réalité/message sera pour le moins un retour d'image négatif.

Les entreprises qui détourneraient le sens même du DD sont cependant un cas extrême. La plupart de celles qui peinent à convaincre ne le doivent souvent qu'à un excès de communication. L'hypertrophie du discours sur le DD n'est pas recommandable. Des entreprises comme GDF et Véolia nous semblent tomber dans ce travers.

Principe 3 : Nécessaire cohérence entre communication interne et communication externe.

La recherche de la meilleure cohérence possible à ce niveau s'avère indispensable. En effet, si les équipes ne se retrouvent pas dans les messages diffusés à l'extérieur de l'organisation, elles mettront en doute la sincérité des dirigeants.

Ces interrogations conduisent à une démotivation progressive et, en parallèle, à des pertes significatives d'énergie et de valeur. L'image est un capital que l'entreprise doit gérer et protéger comme ses autres actifs plus classiques. Rappelons à ce sujet les retours de bâton que représentent, pour des sociétés comme Total, le naufrage de l'*Erika,* ou l'explosion de l'usine toulousaine pour AZF. L'impact négatif est durable. Aucun DRH ne pourra contrebalancer par des discours ces événements traumatisants.

C'est le système de valeurs de ces institutions qui est dès lors mis en doute. La nécessaire cohérence entre communication interne et communication externe renvoie clairement au système de valeurs de l'entreprise.

Un système qui doit s'appuyer sur plusieurs types de préoccupations :

- des préoccupations éthiques : prise en compte des aspirations individuelles, règles d'équité, rôle perçu de l'entreprise vis-à-vis de la collectivité…

- des préoccupations managériales : enjeux de la communication, retombées possibles des investissements publicitaires, implication de chacun dans la promotion de l'entreprise…

En fait deux modèles dominants apparaissent :

- Le premier modèle exacerbe les valeurs d'ordre économique. Le lien entre communication interne et communication externe est alors considéré sous l'angle exclusif de l'efficacité : il faut communiquer en interne pour assurer et renforcer la communication externe. Dans ce cas-là, la communication externe s'avère privilégiée. Les entreprises de ce type soignent leur image et négligent le confort individuel. Il faut communiquer pour faciliter le développement, et la communication interne est un mal nécessaire.

- Le second modèle considère qu'il n'y a pas de progrès durable sans prise en compte de l'intelligence et du travail de tous. Le respect des personnes fait partie de l'efficacité de ces systèmes. Le DRHD se rattache à cette deuxième perspective. De nombreux exemples constatés dans le groupe Lafarge illustrent ce point de vue. Dans les différentes branches de ce groupe, l'ambiance ne trompe pas. Même si, individuellement, certaines circonstances peuvent être mal vécues, l'attitude générale de management est bienveillante. Les sanctions sont rares, le consensus est privilégié, rien n'est cassant. Si les insatisfactions personnelles existent et peuvent perdurer, les packages de sortie sont généreux. Le turn-over, bien entendu, existe aussi dans ces organisations.

Entre ces deux situations extrêmes, tout un continuum de situations se retrouve (*cf. schéma*). Entre l'option centrée brutalement sur les résultats économiques et celle centrée sur la qualité d'obtention de ces résultats, l'écart peut être irréductible.

Deux visions se concurrencent : une vision financière maximaliste d'une part, d'autre part une vision d'équilibre économique et humain performant.

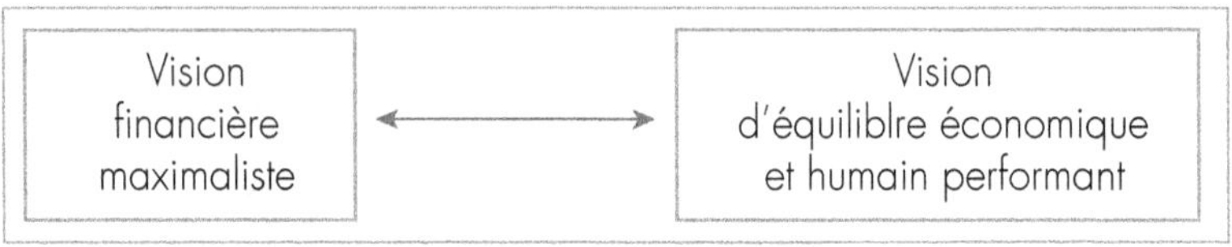

Deux visions opposées

4.11 Indicateurs de suivi et mesure du retour sur investissement

Pour de nombreux lecteurs, la plupart des actions préconisées dans ce chapitre seront perçues comme un surcoût de charge sans une réelle lisibilité du retour sur investissement possible.

Dans le même temps, certains responsables RH interrogés estiment que le DRHD ne nécessite pas forcément un accroissement budgétaire, mais plutôt une réallocation différente du budget avec des actions mieux ciblées.

Il est donc essentiel d'identifier des indicateurs de suivi fiables, qui permettront au Directeur des ressources humaines de suivre l'impact de sa politique DRHD et d'en mesurer dans le temps le retour sur investissement pour l'entreprise. Par expérience, nous savons que l'investissement sur le développement des hommes doit s'étaler dans la durée donc également se mesurer dans la durée.

Pour notre part, une politique DRHD impacte principalement les domaines suivants :

- La notoriété et la réputation.
- La compétence.
- La motivation.
- Les conditions de travail.
- La sensibilisation DD des salariés.

Une action dans ces domaines va agir sur les indicateurs RH suivants :

- Nombre de candidatures spontanées reçues.
- Taux d'acceptation des offres de recrutement.
- Temps d'auto-apprentissage.
- Nombre de démissions.
- Nombre d'arrêts maladie.
- Nombre d'accidents du travail.
- Taux de satisfaction interne.
- Taux de promotion interne.
- Budget énergétique et consommable.
- Budget prestataires externes RH.

Mais également sur d'autres indicateurs :

- Taux de productivité.
- Niveau de compétitivité.
- Taux de fidélisation clients.
- Niveau d'innovation.
- Indicateurs qualités.

Le tableau ci-dessous fait le lien entre les domaines impactés par le DRHD et les indicateurs de suivi.

Les impacts DRHD sur les indicateurs de suivi					
Domaines impactés / Indicateurs de suivi	Notoriété et réputation	Compétences	Motivation	Conditions de travail	Sensibilisation DD des salariés
Nombre de candidatures spontanées	X	X		X	
Taux d'acceptation des offres de recrutement	X	X		X	
Temps d'auto-apprentissage		X	X	X	
Nombre de démissions	X		X	X	
Nombre d'arrêts maladie			X	X	
Nombre d'accidents du travail		X	X	X	
Taux de satisfaction interne		X	X	X	
Taux de promotions internes		X	X		
Budget énergétique et consommables				X	X
Budget prestataires externes RH	X				
Taux de productivité	X	X	X	X	X
Niveau de compétitivité	X	X	X	X	
Fidélisation clients	X	X	X	X	
Niveau d'innovation		X	X		X
Indicateurs qualité	X	X	X	X	X

4.11.1 Notoriété et réputation

La communication externe, la satisfaction des salariés, l'amélioration des performances de l'entreprise et son exigence de qualité sont les principaux vecteurs de l'augmentation de sa notoriété et de sa réputation. En effet, l'innovation sociale de l'entreprise accompagnée de résultats économiques concrets est un des atouts forts d'attractivité sur le marché de l'emploi. Dans un marché de l'emploi qui va devenir de plus en plus concurrentiel, l'entreprise doit séduire les nouvelles recrues. Au-delà de sa performance économique, nous pensons que l'image socialement responsable de l'entreprise et son positionnement sur le DRHD sont des facteurs d'attractivité pour des jeunes en quête de sens, de reconnaissance et de valeurs.

Cette augmentation de notoriété et de réputation va :

- accroître automatiquement le nombre de candidatures spontanées ;
- améliorer les acceptations d'offre de recrutement ;
- fidéliser davantage les salariés et les clients…

Si l'entreprise obtient les bons profils de compétences, elle améliorera sensiblement sa productivité et sa compétitivité. Ce cycle vertueux peut baisser le budget recrutement en utilisant moins les cabinets de chasseurs de tête.

- Gains possibles
  - Diminution du budget cabinet de recrutement.
  - Diminution du budget publicité de recrutement.
  - Diminution du nombre d'entretiens de recrutement.
- Investissement supplémentaire
  - Communication externe et interne pour valoriser le DRHD.

4.11.2 La compétence

Développer une culture d'apprenance a pour objectif de développer l'autonomie d'apprentissage et les compétences des salariés tout au long de la vie. Cet accroissement permanent des compétences impactera directement la productivité et la compétitivité de l'entreprise. Cela lui permettra de devancer ses concurrents et de mieux s'ajuster aux évolutions de son environnement. L'amélioration de ces deux indicateurs renforcera sa performance financière.

De plus une entreprise qui a la réputation de bien former ses collaborateurs est une entreprise qui attire les jeunes demandeurs d'emploi et les candidats les plus performants. Ils savent que, dans cette entreprise, ils vont apprendre un métier et auront la possibilité de progresser.

Le renforcement des compétences améliore également :

- les indicateurs de qualité ;
- la satisfaction client ;
- le nombre d'innovations.

La compétence sera d'autant mieux exploitée que le management et la structure organisationnelle en favoriseront l'expression. Dans cette perspective, il est essentiel de développer un management responsabilisant, délégatif et facilitateur d'acquisition et de transfert de nouvelles pratiques.

Pour les entreprises qui ont un budget formation important, il ne s'agit pas d'investir davantage mais mieux et de façon plus ciblée dans la philosophie DRHD.

- **Gains possibles**

  Une meilleure productivité et l'amélioration de la compétitivité développeront de meilleures performances économiques et financières.

- **Investissements supplémentaires**
  - Conception d'outils *e-learning*.
  - Temps de formation plus long.
  - Temps consacré au tutorat.

4.11.3 La motivation

Le DRHD apporte du sens, développe une culture et une fierté d'appartenance. Les salariés se sentent considérés et utiles.

Les entreprises qui savent répondre de façon concrète aux aspirations de leurs collaborateurs notent une nette amélioration de leur motivation. Cela se traduit automatiquement par une baisse des démissions, une diminution des arrêts maladie et une meilleure productivité.

Le coût supplémentaire du remplacement d'un salarié démissionnaire est équivalent à 0,5 fois le salaire annuel du salarié considéré (préavis, recrutement, formation, perte de productivité...). C'est autant d'économie pour toute démission évitée.

- **Gains possibles**
  - Une meilleure productivité et l'amélioration de la compétitivité.
  - Diminution des arrêts maladie.
  - Baisse des démissions.
  - Amélioration de la relation client.
- **Investissements supplémentaires**
  - Principalement, l'amélioration des conditions de travail.

Les questions ci-dessous permettent de réfléchir et de déterminer les vecteurs d'implication et de motivation des salariés :

- Projet mobilisateur :
  - Comment faire adhérer les collaborateurs au projet d'entreprise ou du service ?
  - Comment faire de la raison d'être de la société une source de motivation ?
  - Que faire pour que l'image et la notoriété de l'entreprise mobilisent les acteurs ?
  - Comment le dynamisme de l'entreprise au regard des autres concurrents peut-il être une source de fierté ?

- Valeurs partagées :
  - Comment développer les valeurs de confiance, d'enthousiasme ?
  - Comment faciliter la coopération ?
  - Comment faire de la qualité un axe partagé ?
- Efficacité collective
  - Comment optimiser les compétences ?
  - Comment adapter les moyens aux objectifs ?
  - Quelle organisation mettre en œuvre pour améliorer l'efficacité collective ?
  - Comment faire du management un relais d'implication ?
  - Comment offrir à tous une possibilité de formation ?
- Reconnaissance des personnes :
  - Comment prendre la personne en considération ?
  - Comment reconnaître le travail ?
  - Comment prendre en compte les idées ?
  - Comment développer une bonne ambiance ?
  - Comment permettre à chacun de s'épanouir dans son travail ?

4.11.4 Les conditions de travail

La prise en compte de l'ergonomie de travail, de l'ambiance environnementale, de l'articulation temps de vie et temps professionnels sont autant d'actions qui vont impacter la motivation des salariés. C'est dans ce domaine que les entreprises ont le plus de mal à investir : apporter du bien être au salarié n'est pas la vocation première de l'entreprise. Si ce genre d'investissement est souvent lourd à mettre en œuvre, son impact immédiat sur la motivation des salariés se répercute sur la performance de l'entreprise, comme le montrent les différents exemples mentionnés dans ce livre. Dans de bonnes conditions de travail, les salariés sont moins stressés et se sentent réellement reconnus.

- **Gains possibles**
  - Une meilleure productivité et l'amélioration de la compétitivité.
  - Baisse des arrêts maladie et des accidents du travail.
  - Augmentation des candidatures spontanées.
  - Diminution du nombre de démissions.
  - Amélioration de la relation client.
- **Investissements supplémentaires**
  - Mise en place, par exemple, d'une conciergerie, d'une crèche d'entreprise.
  - Travaux d'amélioration de l'ergonomie du poste de travail.
  - Aménagement de l'environnement professionnel.

4.11.5 Sensibilisation du personnel au développement durable

Si la mise en place de meilleures conditions de travail représente un investissement important, cela peut être partiellement contrebalancé par un budget de fonctionnement en baisse.

Le personnel sera plus sensible aux économies d'énergies et à l'utilisation de consommables. Il sera d'autant plus concerné que l'entreprise réinvestit les économies dans l'amélioration des conditions de travail.

C'est un domaine dont il est facile de mesurer l'impact financier. Il suffit de suivre le relevé des dépenses.

- **Gains possibles**
  - Économie d'énergie et de consommables.
- **Investissements supplémentaires**
  - Communication et formation de sensibilisation au DD.

De nombreux critères concrets permettent au DRH de mesurer l'impact de sa politique de ressources humaines. Il y a également de nombreuses études qui illustrent les aspects bénéfiques d'actions en faveur des salariés.

Prenons l'exemple des études réalisées pour la mise en œuvre des crèches privées d'entreprises.

Une étude réalisée sur un effectif de 3 700 salariés, dont 10 % sont concernés par la garde d'enfants de moins de trois ans, a enregistré un total annuel de 2 800 jours d'absences et de retards liés à des problèmes de garde d'enfants.

Grâce à la création d'une crèche à proximité de leur lieu de travail, 60 % des employés estiment gagner 20 minutes par jour sur leur temps de transport.

Il ressort de cette étude des impacts sur :

- L'attractivité.
- La réduction du *turn-over.*
- La diminution des absences.
- Une augmentation de la ponctualité.
- Une meilleure implication dans le travail.

La mise en œuvre d'une politique DRHD sur le long terme nécessite un outil de pilotage et de mesure d'impacts avec des indicateurs fiables. En revanche, il serait illusoire d'imaginer un retour sur investissement à court terme. Un investissement durable ne se construit pas sur du court terme mais, comme son nom l'indique, dans la durée.

Ces impacts seront d'autant plus visibles et importants que l'entreprise sera capable de mener une approche globale en matière de DRHD et non des actions dispersées. Sa capacité à mener dans la durée ce type de politique RH gagnant-gagnant et responsabilisant pour tous les acteurs sera également un gage de succès.

5

Un nouveau management

5.1 Le concept de management social

La notion même de management social repose, selon nous, sur cet engagement fondamental qu'est le respect de la personne, de toute personne par les managers qui détiennent le pouvoir, et plus largement le respect des collaborateurs entre eux.

Le respect des personnes dans l'organisation ne se décrète pas, il se vit. Il se traduit concrètement par des faits :

- Exercice du droit à l'erreur.
- Absence de mise en cause personnelle : critique éventuelle des actions mais non des personnes.
- Prise en compte permanente de la sécurité des personnes.
- Conditions de travail.
- Absence de discrimination.
- Valorisation des acquis professionnels.
- Droit de chacun à l'information.

Respecter les personnes dans l'organisation, c'est aussi développer leur autonomie et assurer leur liberté de penser.

Chez les cigarettiers, par exemple, l'intérêt purement commercial a dominé toute considération de sécurité des personnes durant des dizaines d'années. Très peu de gens savent que le fameux cow-boy Marlboro, emblématique de la marque, est mort d'un cancer du poumon !

Nombreux sont ceux qui ont pratiqué une forme d'*omerta* : direction, cadres supérieurs, mais aussi techniciens de base, simples ouvriers et employés. Tous ont gardé le silence sur les composants des cigarettes, poussant toujours davantage à la dépendance.

La pression de l'autorité et le zèle de certains peuvent conduire aux pires dérives.

5.2 Développer l'entrepreneuriat ou l'intrapreneuriat

Le DRH a pour mission de soutenir l'esprit d'entreprise à l'intérieur de l'organisation. Il n'est pas le seul à assumer ce rôle, mais sa contribution est essentielle.

Traditionnellement, ce sont les grandes entreprises qui servent de modèle aux PME. Aujourd'hui, ces mêmes entreprises cherchent à s'inspirer des entreprises à taille humaine, de leurs qualités typiquement entrepreneuriales : réactivité, autonomie, initiative.

5.2.1 Le DRH aide à développer une organisation entrepreneuriale

- Un fonctionnement par projets : avec des échéances suffisamment courtes pour que le résultat à atteindre soit « palpable ». Nous conseillons des étapes de six mois maximum pour favoriser la motivation des équipes et l'intensité du travail. Lorsque les points d'étapes sont trop éloignés, les fameux *milestones,* la motivation se dilue dans les premières phases avant de se réaffirmer quand les échéances approchent.
- Des délégations larges : pour une réelle prise d'initiatives. Les organisations intrepreneuriales donnent l'occasion aux collaborateurs d'essayer des idées nouvelles. Ces pratiques divergentes doivent être encouragées par les DRH. En effet, toutes n'aboutiront pas à des projets couronnés de succès, donc certaines se solderont par des pertes. Toutefois, ces pertes dans les investisse-

ments réalisés seront plus que compensées, la plupart du temps, par d'autres gains : les leçons de l'apprentissage des limites et de l'élan acquis pour réaliser une mission mieux cernée et, cette fois-ci, parfaitement rentable.

- L'autonomie des collaborateurs dans leur mission : pour la rapidité des décisions. Cette condition permet à l'entreprise de s'adapter rapidement à son environnement, car le jeu concurrentiel évolue à un rythme sensiblement plus rapide que celui d'une organisation trop administrative, voire bureaucratique. La plupart des organisations refusent bien entendu le terme de bureaucratie. Elles avancent de nombreuses preuves de la diminution du nombre de niveaux hiérarchiques, de l'augmentation du volume des projets nouveaux, ou de leur capacité d'adaptation aux changements de leur environnement. Or, paradoxalement, dans l'intimité des discussions en privé avec des collaborateurs et des DRH, une autre réalité émerge : des organisations systématiquement entre deux restructurations, des personnes de valeur sous-utilisées, sans autres raisons que « politiques », des organisations aux antipodes de l'esprit d'entreprise.

5.2.2 Le DRH aide à développer un état d'esprit entrepreneurial

Cet état d'esprit repose sur une poignée de valeurs, auxquelles l'intérêt même du travail en entreprise est associé : sens du résultat, prise de risque, engagement.

Le DRH a pour rôle de favoriser l'avènement, la restauration ou le renforcement de ces valeurs.

- L'engagement : le point de départ de toute construction d'équipe performante. L'engagement correspond à la volonté individuelle de s'impliquer, sans attendre de compensation financière en retour. Le DRH contribue au développement de l'engagement interne par la politique de recrutement, la politique de rémunération (au sens le plus large) et la communication interne. Ces trois outils favorisent les projets de développement dans lesquels les collaborateurs les plus entreprenants se reconnaissent, et entrevoient un accès au pouvoir.

- La prise de risque : la bête noire des organisations. Les fonctionnements ont tendance à se pérenniser. La loi universelle d'inertie joue en faveur d'un maintien systématique du *statu quo.* Le DRH va donc s'attacher à ne pas laisser les fonctionnements inadaptés s'enkyster et à favoriser le changement. Il va veiller à ce que la valeur cardinale de l'entrepreneuriat – la prise de risque – soit toujours vivace. Une règle simple peut contribuer efficacement à cette démarche : éviter que les seuls projets retenus soient systématiquement les projets qui « viennent d'en haut ». Outre le syndrome très pénalisant du *not invented here,* les organisations souffrent aussi du syndrome suivant : « Pas stratégique, car pas pondu par la direction. » Cette dernière attitude, très fréquente, peut, à elle seule, dans le temps, assécher l'envie individuelle de prendre des risques. Le DRH doit combattre ce penchant. Il y parviendra en encourageant systématiquement ce que nous appelons les « petits projets émergents » (PPE). Projets qui viennent de la « base », ils apparaissent sans moyens, se développent à l'énergie et ont valeur d'exemple. C'est sur cette valeur que le DRH construira l'encouragement collectif à la prise de risque.

Cependant, l'encouragement à la prise de risque peut s'avérer désastreux sans le contrepoids d'un sens très affûté du résultat.

- Le sens du résultat correspond à la capacité d'un salarié à créer de la valeur au-delà du niveau de sa rémunération et de son coût global pour l'entreprise.
- Le sens du résultat fait partie de la culture managériale.
- Le DRH est à même de mettre en valeur le sens du résultat au sein des équipes.

- Ce rôle se retrouve dans la fixation des objectifs individuels, suffisamment motivants pour être dépassés, du moins sur le plan qualitatif.
- Le sens du résultat renvoie à un registre plus large que celui des objectifs quantitatifs : la manière même d'obtenir les résultats est à prendre en compte.
- Les considérations d'équipe et de respect des valeurs collectives sont essentielles. Le DRH en est le garant, au travers des grilles d'évaluation qu'il valide.

Plus de réactivité, d'autonomie et d'initiative découle des formes de management associées précédemment à une direction des ressources humaines durables. Cependant, les pratiques ne sont pas toujours à la hauteur des espoirs de progrès générés.

5.2.3 Ce qui empêche toutes ces bonnes idées d'être appliquées

Une série d'obstacles s'oppose au développement d'un esprit plus entrepreneurial dans les organisations. Le DRH doit les connaître et combattre ces freins au développement durable de ressources humaines entreprenantes.

- En premier lieu, il va devoir s'opposer à ceux qui tirent profit de l'organisation en place, aussi immobiliste soit-elle. Ces conservateurs invétérés sont parfois dans des positions d'encadrement ou de direction.
- Ensuite, il lui faudra repérer dans l'entreprise les champions de l'état d'esprit entrepreneurial. Ils sont souvent invisibles dans les organisations, qui craignent les acteurs trop turbulents. Ce ne sont d'ailleurs pas souvent les « hauts potentiels » officiels, zélés et obéissants. Faute du repérage de ces champions, il manquera des relais nécessaires pour initier et suffisamment développer les processus de DRHD.

- Il devra également faire évoluer l'organisation d'une culture qualité vers un esprit d'excellence : un fonctionnement dans lequel chacun puisse donner le meilleur de lui-même.
- Le DRH, préoccupé de généraliser un esprit entrepreneurial, saura aussi affirmer la subjectivité dans les décisions hiérarchiques. Une décision fait en effet référence à un décideur : l'efficacité d'une organisation entrepreneuriale repose en particulier sur une chaîne de commandement sans équivoque. Une décision est par essence subjective, mais une décision (subjectivement) considérée comme la meilleure doit s'appliquer.
- Le DRH, conscient du lien entre une organisation durable et le maintien permanent d'un esprit entrepreneurial, devra s'engager personnellement sur des projets de développement forts : des projets hautement symboliques et socialement innovants.

5.3 Le nouveau rôle du manager

L'éclatement de la bulle internet, en 2001, a sonné le glas d'une catégorie de managers. En effet, le manager surdiplômé, aux compétences innées, a fait long feu. Il n'a pas survécu aux réalités d'un marché où la capacité à générer du cash le plus rapidement possible s'avère une loi incontournable.

Le DRH épris de management durable en a tiré des leçons.

- Le métissage est une valeur durable : ne pas toujours recruter les mêmes profils, sortis des mêmes moules.
- Le pragmatisme est une valeur durable : la communication n'est pas un moyen suffisant de développement.
- L'expérience est une valeur durable : même si l'Histoire ne se répète jamais exactement, avoir fait face à des situations très différentes est un atout pour l'individu.

Pour décrire en quoi le rôle du manager a évolué, reportons-nous à deux études réputées sur le management :

Ainsi, l'indice de notoriété du mensuel *Fortune*, dans son étude annuelle, prend en compte huit facteurs :

- Qualité du management.
- Santé financière.
- Rendement moyen sur dix ans.
- Qualité des produits et services.
- Capacité d'innovation.
- Utilisation des actifs.
- Capacité à attirer et conserver les talents.
- Responsabilité sociétale et environnementale.

L'étude, réalisée annuellement, concerne les entreprises américaines. L'indice de notoriété correspond à la moyenne arithmétique des notes attribuées aux huit facteurs considérés comme indépendants.

De même, la performance sociale d'entreprise se retrouve dans les indices Kinder, Lydenberg et Domini (KLD). L'étude est réalisée annuellement et concerne les entreprises américaines. Le principe est encore celui d'une moyenne arithmétique des notations d'entreprises américaines (États-Unis) sur dix plans :

- Relations avec la communauté.
- Représentation des minorités dans les effectifs.
- Relations avec les salariés.
- Qualité des produits et services.
- Protection de l'environnement.
- Activités dans les pays en voie de développement, et plus généralement hors des États-Unis.
- Activités dans le secteur nucléaire.
- Activités dans les secteurs du tabac, des jeux d'argent et de l'alcool.
- Activités dans le domaine militaire.
- Autres secteurs.

Dans nombre d'études de ce type, la performance supérieure intègre donc bien des critères liés à la conduite des ressources humaines et aux questions sociales.

Ainsi, dès 1996, le Malcolm Baldridge Quality Award Commitee prenait-il en compte dans sa sélection des critères de gestion avancée des ressources humaines.

La tendance nous paraît claire pour les DRH, même s'il s'agit de pratiques encore trop rares.

Toutefois, au-delà de ces éléments assez largement reconnus, une autre inflexion du rôle des DRH se dessine : il est un mentor de plus en plus affirmé.

Ce mode d'action des DRH et de tous les managers qui se préoccupent de la durabilité du patrimoine humain repose sur une nouvelle forme de compagnonnage.

5.3.1 Une nouvelle forme de compagnonnage

Nous croyons à une vocation de plus en plus affirmée des managers vis-à-vis de la formation des jeunes. Le DRH doit la favoriser directement et indirectement. De notre point de vue, les parcours de formation classiques, même individualisés, ne suffisent pas. En effet, que ce soit dans des stages sur mesure ou plus standardisés, que la pédagogie soit participative ou pas, les mises en situation ne sont pas réelles. Qu'ils s'adressent à l'encadrement ou pas, les séminaires s'appuient sur des situations simulées. Or, l'envie de travailler ensemble et la compréhension intime des fonctionnements individuels et collectifs passent par une sorte de pédagogie du regard et de l'action.

Le DRH s'attachera donc à favoriser, au-delà des modes conventionnels de formation tout au long de la vie, une forme de compagnonnage – un des éléments clés du DRHD.

Pour ce faire, le DRH interviendra à deux niveaux :

- Directement, comme acteur de ce compagnonnage et maître compagnon lui-même.

  Le DRH s'implique personnellement dans la formation des nouvelles ressources. Il valide une méthodologie et se montre créatif lui-même, innovant dans les moyens et méthodes pour pérenniser l'implication des salariés. Ainsi, il évitera l'écueil principal des missions fonctionnelles, à savoir un manque de réalisme. Cet engagement opérationnel doit se limiter, selon nous, à quelques aspects prioritaires, liés à :

  - une dimension stratégique ;
  - une initiative qui exige de donner l'exemple ;
  - une action dont les modalités finales restent à définir (essai).

  Accompagner personnellement, en tant que DRH, telle ou telle nouvelle recrue s'avère capital : les autres managers doivent y voir le signe d'un rôle d'encadrement qui n'est pas systématiquement délégable. L'accompagnement n'est pas une fin en soi, mais un moyen privilégié d'intégration durable. À ce titre, il faut considérer l'accompagnement comme un système en mouvement : différentes formes doivent être essayées. Le compagnonnage est à considérer comme une sorte de laboratoire social, dans lequel le DRH puisera des idées nouvelles pour ajuster l'évolution des pratiques RH internes aux attentes des nouveaux entrants.

- Indirectement, comme initiateur de formes d'accompagnement par les hiérarchies.

  Le DRH est, à ce titre moteur du comportement des autres managers de l'entreprise. Il doit inciter les responsables à se montrer créatifs, en particulier dans leurs pratiques managériales. Cette généralisation de pratiques innovantes dans l'organisation est pour nous un des liens entre efficacité économique et management avancé et durable des ressources humaines.

Cependant, la créativité organisationnelle n'est pas à rechercher dans les seuls processus de « production », comme c'est souvent le cas : organisation des ateliers (en milieu industriel), gestion des flux (dans les activités de services), rotation des postes (dans la grande distribution)... La créativité organisationnelle s'exprime aussi dans de nouveaux modes de relations entre les personnes : la qualité du lien entre les individus va ouvrir des perspectives de développement accéléré. C'est donc le lien social qui devient moteur des projets, préalablement à toute modification d'organisation. Le DRH, dans une perspective de management durable des ressources humaines, s'attachera ainsi à repérer :

- les pratiques innovantes de management d'équipe ;
- les équipes spontanées qui se créent par affinités.

Il s'efforcera également d'encourager les attitudes de parrainage direct par la hiérarchie, en particulier par la hiérarchie la plus haute. Nous défendons l'idée d'une hiérarchie plus humaine, ou ré-humanisée, sous l'impulsion du DRH. Un des éléments clés de cette ré-humanisation réside dans une implication directe du management dans l'accompagnement des managers juniors : le compagnonnage.

Au-delà du contrat de travail et des objectifs peaufinés pour les juniors, les cadres dirigeants, poussés par le DRH, doivent donner l'exemple d'une culture de l'action. Ils montrent comment ils agissent eux-mêmes avec des juniors et commentent directement leurs actions. C'est une transmission du savoir-faire et du savoir-être. Sont transmis du même coup des éléments « non répertoriés », des pratiques induites, des approximations opérationnelles, bref l'esprit de l'action.

Nous préconisons donc un investissement « présentiel » significatif des managers confirmés aux côtés des juniors.

Dans ce cadre, le DRH insiste auprès des managers confirmés pour qu'ils :

- montrent comment ils agissent ;
- agissent avec des plus jeunes ;
- commentent les décisions prises et les actions menées.

Il ne s'agit pas de collectionner les commentaires et les pratiques. Ce qui doit être pérenne, c'est ce qui a été transmis. Différents systèmes peuvent servir de points de repères pour des pratiques RH qui s'inspirent de DD.

Le cas de l'entreprise ST Microelectonnics est souvent cité avec son système de TQM *(Total Quality Management)*, qui prône quelques principes directeurs.

- Engagement du management dans la démarche.
- Culture d'amélioration continue.
- Focalisation sur le client tant interne qu'externe.
- Responsabilité des employés à tous niveaux.
- Information et formation généralisées.

Cet exemple est révélateur à la fois des bonnes volontés inhérentes à ces initiatives et de la généralité des concepts avancés. Quel que soit l'environnement d'entreprise dans lequel il se trouve, le DRH qui souhaite favoriser des principes de DRHD pourra s'appuyer sur un cadre méthodologique, qui préconise quatre étapes d'activation d'un projet :

- Communication d'une stratégie.
- Réalisation d'un bilan de la situation dans une perspective dynamique (pour créer des conditions favorables à des initiatives).
- Mise en œuvre d'un plan d'action prioritaire.
- Évaluation permanente et systématique pour réamorcer des objectifs.

Par-delà les recettes opérationnelles et les principes d'organisation, il s'avère que les « grandes entreprises » sont plus avancées que les PME en matière de développement durable, surtout dans le domaine des ressources humaines.

Doit-on en conclure que le comportement des groupes internationaux peut servir de modèle aux initiatives DRHD ? Certainement pas. Dans les petites, voire les toutes petites, entreprises se tissent des solidarités qui, elles aussi, doivent servir à tous de source d'inspiration.

5.3.2 Retrouver un comportement de PME

Quel paradoxe !

En quoi faudrait-il, au bout du compte, qu'une organisation orientée DRHD se rapproche du mode d'organisation le plus élémentaire et peut-être le plus naturel, celui de l'entreprise familiale ? Une organisation ou le manager est aussi le propriétaire de l'entreprise.

Bien évidemment, nous allons passer sous silence bien des pratiques rétrogrades répandues dans nombre de TPE : manque de considération des personnes, absence de perspectives d'évolution, opacité de l'information...

Nous allons délaisser ces aspects négatifs pour nous concentrer sur les liens que les créateurs d'entreprises ou les managers héritiers savent tisser avec leurs compagnons.

5.3.3 Une organisation fondée sur la confiance et le respect

Dans les petites structures, créateurs et managers héritiers savent, tout naturellement, tisser des liens personnels avec leurs collaborateurs. Il s'agit avant tout d'une organisation locale, de la vie du village ou du bourg. Les opportunités d'emploi offrent peu d'alternatives. Les salariés vont passer la plus grande partie de leur vie professionnelle dans la même entreprise, comme le dirigeant.

Dans ce contexte, le temps devient une constante. La nécessité des liens oblige à envisager le long terme et à ériger en principe les règles qui accompagnent cette démarche : le respect des autres et la confiance.

Le respect des autres se traduit par des attitudes, et des manières de faire.

- L'attention mutuelle : un sentiment d'affection et de solidarité. Le DRHD devrait aboutir à la délicatesse des relations entre les collaborateurs, et à une forme de tendresse. Il ne s'agit en aucun cas d'un rapport fournisseur/client interne, comme nombre d'approches qualité le proposent. Les collaborateurs sont dans un rapport beaucoup plus intime d'interdépendance. Leurs buts sont identiques. Ils travaillent ensemble au développement de la même entreprise. Ils en ont conscience. Ce qui est bon pour l'un est nécessairement bon pour l'autre – ce qui n'est pas le cas dans un rapport commercial. L'attention mutuelle se traduit par une véritable solidarité dans la vie professionnelle quotidienne. Il s'agit de faciliter le travail des autres, de partager leurs enthousiasmes et leurs doutes et d'intégrer, dans son propre travail, l'amorce la plus efficace possible du travail des collègues.
- Le dialogue sans réserve : quand un respect indubitable existe entre les membres d'une même organisation, le dialogue entre les personnes prend une forme particulière. Sur des questions de travail, la relative violence des discussions sans concession, des échanges très vifs peuvent surprendre un observateur extérieur. Une fois la question professionnelle tranchée, le respect mutuel préexistant entre les interlocuteurs facilite la mise entre parenthèses de la situation de conflit et la relativise. La mise en œuvre des solutions en est même facilitée.

Quant à la confiance, c'est celle de l'engagement.

- L'engagement du salarié : travailler dans cette entreprise, celle-là et pas une autre, représente localement une des rares possibilités de revenus. La PME locale garantit, tant qu'elle dure, une rémunération compatible avec la maison construite ou achetée à cet endroit-là, le réseau social du salarié, un métier choisi ou pour le moins acceptable.

- L'engagement du dirigeant : l'entreprise, « c'est son bébé », il « y passe sa vie ». Les expressions courantes reflètent bien le lien très fort qui unit d'ordinaire le dirigeant/propriétaire et l'entreprise qu'il dirige. Dans ce cas, pas de spéculations sur des sorties individuelles avec d'énormes plus-values, pas de plans de carrière pour plus de pouvoir, pas de parachutes dorés en cas de problèmes.

Ces aspects parfois prosaïques, mais très souvent caractéristiques de la PME, nous semblent très représentatifs de modes et de principes d'organisation favorables au DRHD dans des entreprises de toutes tailles. Encore faut-il réviser ces éléments pour en faire des critères modernes de management et des moteurs opérationnels.

5.3.4 Des moteurs opérationnels fondés sur des valeurs durables

Nous constatons que dans nombre d'organisations de grande taille, les valeurs qui sous-tendent l'action sont des valeurs peu compatibles avec le développement durable d'une organisation au sens du DRHD.

En effet, dans le management traditionnel des grands groupes dominent des comportements très individualistes basés sur l'élitisme et l'autosatisfaction. L'élitisme se traduit par des formes de partage des résultats parfois aberrantes. Chacun a pu se rendre compte de ces inepties, notamment au travers des levées de bouclier qui accompagnent la publication des rémunérations de certains dirigeants. Telle entreprise du CAC 40 dont les résultats s'avèrent catastrophiques a vu bondir la rémunération de son dirigeant. Telle autre grande entreprise, dont la valeur s'est effondrée, constate que son comité de direction ne s'en est pas pour autant moins enrichi. Certes, dans certains cas, le dirigeant a su revenir sur les ponts d'or qu'il s'était construits, pour ne pas ternir son image personnelle, mais ces exemples sont exceptionnels. En général, l'autosatisfaction domine chez les managers à l'ancienne. Ils dirigent en seigneurs, et les péripéties des organisations qu'ils sont censés faire fructifier dépendent systématiquement de conditions internes. Les conditions internationales de marché ont bon dos.

Pour exprimer le DRHD, les responsables opérationnels et les dirigeants doivent porter et représenter des valeurs durables. Ces valeurs d'action sont à l'opposé de l'élitisme et de l'autosatisfaction.

- Humilité des managers et des dirigeants : ils savent combien l'environnement peut-être turbulent, combien la réussite de leurs stratégies peut s'avérer contingente.
- Reconnaissance de la valeur travail : considérer avant tout l'efficacité opérationnelle. Les collaborateurs sont des contributeurs exigeants. Ce sont des acteurs à part entière dont la rétribution et les perspectives d'avancement seront proportionnelles au mérite.

La mesure de la performance s'inscrit dans ce cadre.

5.4 Les plans d'action prioritaires (PAP)

Les plans d'action prioritaires font partie des outils méthodologiques fondamentaux de tout manager.

Ils prennent tout leur sens dans le cadre du DRHD en ce qu'ils présentent les caractéristiques d'un outil particulièrement adapté à des projets transversaux et sans lourdeur administrative. Leur trame repose sur :

- des objectifs ;
- des personnes en charge ;
- les changements clés à effectuer (en interne et éventuellement en externe) ;
- les investissements nécessaires ;

- des délais ;
- les résultats attendus.

Objectif	Personne concernée	Fonction	Actions milieu	Délais	Ressources à prévoir	Résultat attendu

Exemple de canevas formalisé pour les PAP

Les PAP méritent de figurer parmi les réflexes du DRH en matière de définition de priorités et d'outils de mesure.

5.4.1 Structure dédiée ou prise en charge par la ligne opérationnelle en place ?

Savoir si l'engagement de l'entreprise dans le développement durable doit passer par une structure spécifique ou pas est une des questions sur lesquelles le DRH devra prendre position.

Bien entendu, chaque comité de direction aura sa propre perception de l'utilité d'une entité DD dans l'organisation. Bien des entreprises préfèrent aujourd'hui confier la mise en place de pratiques du DD aux directions opérationnelles existantes, en relais des messages institutionnels de la DG.

Nous constatons par ailleurs que les structures additionnelles sont très légères : quelques personnes, voire une seule, chargées tout particulièrement de communication (interne et externe).

Toutefois, le temps de l'action se précise : des directeurs du DD prennent leur rôle très au sérieux. Ils prennent des initiatives de projets, améliorent les *reportings* et affirment leur pouvoir. Ils savent s'entourer de collaborateurs motivés, ou susciter des appuis dans d'autres services de l'entreprise. Ils structurent leur action autour d'une équipe. Dans une organisation, ce type de *task force* est dans un premier temps très bénéfique à l'enracinement du DD. Le

DRH doit donc favoriser l'éclosion de telles entités. Indépendantes par nature des activités opérationnelles, elles sont mieux à même de faire vivre les objectifs du DD, nonobstant les vicissitudes du business.

Pour ne pas se trouver en porte-à-faux vis-à-vis d'une forme d'organisation qu'elle aura provoquée, la DRH devra considérer comme transversal son rôle dans le dispositif.

5.4.2 Un rôle transversal

La DRH n'a pas vocation à monopoliser le discours et les actions sur le DD, chasse gardée qui serait même antinomique avec le sens du DD.

La pratique du DD doit être débordante, concerner chaque salarié au-delà de son affectation fonctionnelle et ne pas se limiter à une chapelle dédiée.

Sur le plan managérial, le rôle transversal de la DRH recouvre deux préoccupations :

- Former les collaborateurs et les sensibiliser au DD.
- Conduire l'ensemble des entités à se poser les mêmes questions sur l'engagement de l'entreprise.

La formation des collaborateurs, à ce stade de notre propos, visera à faire le lien entre les politiques et les réflexes qualité déjà bien présents dans les cultures et la démarche DD.

Il s'agira en particulier de définir un référentiel d'action, inspiré d'un des différents référentiels de management existants : soit dans le domaine des normes ISO (avec les certifications intégrées de type ISO 9000/ISO 14000), soit dans le domaine des normes d'organisation.

Notons que le statisticien Deming a fortement influencé ces familles d'approches. Sa « roue » du progrès continu vers l'excellence peut donc constituer un point de départ.

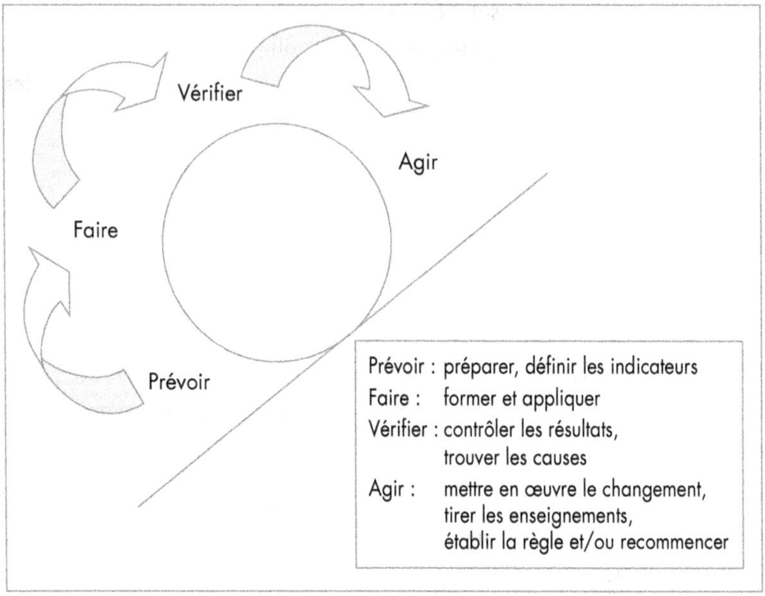

Roue de Deming

Le référentiel d'action choisi devra mettre en avant les objectifs et les résultats attendus vis-à-vis des différentes parties prenantes :

- clients ;
- fournisseurs ;
- salariés ;
- actionnaires ;
- partenaires institutionnels ;
- acteurs de l'entreprise élargie.

Dans notre perspective de DRHD, les différentes parties prenantes seront associées aux enjeux du DRHD sur chacun des plans suivants : financier, humain et environnemental.

Nous aurons donc pour le DRH une matrice d'objectifs :

		Parties prenantes		
		Financier	Humain	Environnemental
objectifs	Clients			
	Fournisseurs			
	Salariés			
	Actionnaires			
	Partenaires institutionnels			
	Acteurs de l'entreprise élargie			

Nous proposons ci-après une série de questions qui peuvent servir de base à la mise en place du DRHD dans les différentes entités de l'entreprise.

- Comment faire de cette initiative l'affaire de tous ?
- Comment décliner au plan social et humain les principes du DD ?
- Comment garantir cette action dans la durée ?
- Quels moyens sommes-nous prêts à mobiliser ?
- Quel est le bouquet de valeurs qui fonde notre démarche ?
- Comment légitimer cette démarche dans chaque département de l'entreprise ?
- Sur quels exemples concrets s'appuyer pour expliquer la démarche et ses objectifs ?
- Y a-t-il des parties prenantes spécifiques à telle ou telle entité de l'organisation ?
- Comment sont-elles prises en compte ?
- Dans l'entité, quel sera le salarié champion de la démarche ?
- Y a-t-il des oppositions à s'engager dans la démarche ?
- Si le processus s'engage, comment seront prises en compte et gérées les contre-propositions ?

6

Du concept à sa mise en œuvre

Avant de se lancer dans le DRHD, la direction générale doit en analyser les conditions de réussite.

Quelle est la maturité de l'entreprise face aux enjeux du DRHD ? En quoi la démarche est-elle crédible ? Quelles modifications d'organisation cela peut-il entraîner ? Quel projet d'entreprise se trouve associé ?

L'autonomisation et la responsabilisation sont au cœur du DRHD. Malgré la volonté des managers, la structure pyramidale est un frein archaïque à la prise de responsabilité. Pour qu'une politique DRHD fonctionne, il faut que le modèle organisationnel soit porteur des valeurs sous-tendues par cette approche. Nous constatons que les entreprises qui veulent changer leur culture par le développement des personnes, sans toucher à leurs procédures et processus organisationnels, échouent parce que leur culture organisationnelle est plus forte que leur culture managériale. Il faut souvent une crise profonde ou la fusion entre deux entreprises pour que ces changements puissent s'opérer. Il n'y a pas de bonne organisation *a priori*, mais des organisations cohérentes ou pas avec leur système : dirigeant(s), entreprise, projet.

6.1 Approche risque appliquée au DRHD

Les facteurs de risque et les facteurs d'opportunité sont souvent de même nature. Le responsable des RH qui cherche à développer une approche contemporaine de son organisation aura une attitude constante.

- Il favorisera en permanence les options qui facilitent la fluidité de l'organisation.
- Blocages et conflits seront dès lors, dans bien des cas, évités ou transformés en solutions alternatives.
- Il privilégiera les approches non conflictuelles, ce qui s'applique aux différents domaines de responsabilités couverts par les ressources humaines.

Cependant, en matière de développement des personnes et des organisations, risques et opportunités se trouvent particulièrement concentrés en deux circonstances : lorsqu'il s'agit de recruter et quand il est question de réduire les effectifs. C'est ce que nous avons développé précédemment autour des questions du recrutement, sans toutefois insister sur le lien très fort associant risque et développement. Cependant, force est de constater qu'à l'instar de tout sujet lié au développement durable, la notion de risque est fondamentale dans une démarche comme celle du DRHD.

Comment appréhender le risque dans le contexte spécifique au DRHD ? En l'occurrence, le risque se situe dans les écarts de points de vue entre d'une part la DRH en tant que telle, d'autre part les salariés pris collectivement et, enfin, le discours officiel de l'entreprise au travers de son dirigeant.

Un des enjeux de la DRH en matière de DRHD est de faire un diagnostic régulier, voire permanent, des écarts de perception des trois points de vue. Ce que nous reprenons dans le schéma ci-dessous intitulé « Modèle des écarts ».

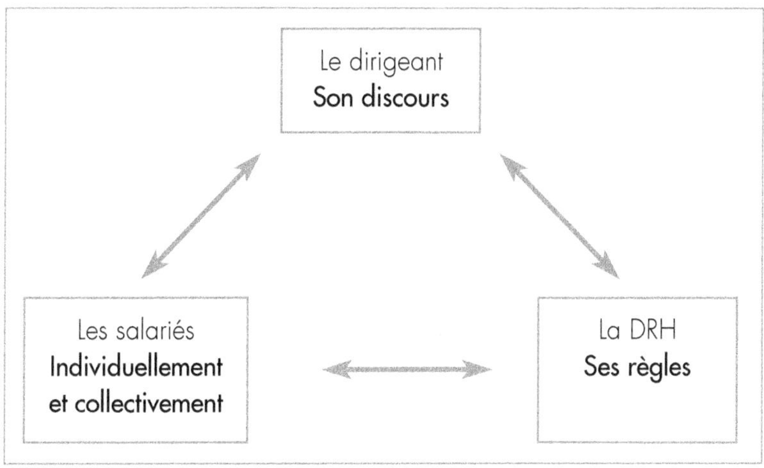

Modèle des écarts

Le modèle des écarts est un outil de diagnostic permanent au service des DRH. Il part du principe que dans l'entreprise les points de vue ne sont pas spontanément convergents, ni *a fortiori* similaires.

La méthode pour tirer bénéfice de ce constat repose sur quatre étapes :

- Évaluer les points de vue.
- Mesurer les écarts.
- Définir des objectifs de convergence.
- Enclencher des actions.

6.1.1 Le risque de ne rien faire

Un autre aspect du lien entre risque et DRHD mérite une explication approfondie : en quoi la question des effectifs renvoie-t-elle à l'analyse des facteurs clés de succès ?

Actuellement, la pensée dominante est la suivante : les effectifs faisant peser un risque permanent sur la rentabilité, il est souhaitable de les « alléger ». Le « personnel » n'est au fond qu'un mal nécessaire. L'organisation se porterait mieux avec un minimum de collaborateurs, voire aucun !

Nous ne partageons pas cette vision, ni sous l'angle éthique ni sous l'angle stratégique. Nous considérons que la ressource humaine tend à devenir plus stratégique que jamais. Le réflexe un peu compulsif de pression permanente sur les effectifs nous semble indiquer un manque de recul dans bien des cas.

Ainsi, considérons les courbes démographiques de notre pays : la ressource humaine va se raréfier. Des mesures seront sans doute prises pour atténuer les effets de cette disparition, mais il est fort probable que les compétences vont manquer, et de plus en plus.

Déjà, dans de nombreux secteurs d'activités, les offres d'emplois restent suspendues à des candidatures improbables, et ce, malgré le nombre important de chômeurs. Les transferts de main d'œuvre de pays plus ou moins voisins ne suffisent pas, et les déficits de main d'œuvre peu qualifiée ne font que se creuser.

D'où viendraient les renforts futurs sur des postes d'encadrement et/ou hautement spécialisés ?

Se trouver en rupture de dynamique par manque de ressources humaines est un risque majeur, stratégique. Une politique active de DRHD permet d'anticiper de telles menaces. La prévention en la matière est primordiale. Elle peut suffire à faire tendre le risque vers 0 : il suffit de fidéliser les collaborateurs.

La culture des CDD, généralisée, amoindrit le lien social et l'*affectio societatis*. La multiplication des emplois précaires et l'usage des salariés comme variable d'ajustement vont à l'encontre de la fidélisation des ressources humaines.

Le DRHD prône des valeurs qui favorisent un lien durable avec les salariés, comme l'équité. Une rémunération équitable des emplois ainsi qu'un partage équitable des résultats font partie, nous l'avons vu, des piliers fondamentaux du DRHD.

La difficulté à trouver rapidement et durablement les bonnes compétences ne fera que s'accroître. Dans une période de tensions sur le marché de l'emploi, le DRHD prouve son efficacité.

6.2 Une nouvelle forme d'efficience

Le consensus est maximal pour reconnaître les bienfaits de l'innovation dans le domaine industriel et technique : gains de productivité, efficacité supérieure, économies, et différenciation bien entendu.

L'idée, en revanche, d'une nécessité à renouveler les pratiques managériales n'a pas un écho aussi intense. Si le développement durable s'avère une prise de conscience très réelle à l'échelle mondiale, le DRHD n'a pas encore connu de véritable essor.
Il s'affirme néanmoins comme une condition *sine qua non* de développement sans crise des organisations.

6.2.1 Des difficultés réelles

Elles sont liées aux évolutions « récentes » du panorama des entreprises.
La question de la globalisation, par exemple, pose le problème de l'équité dans des groupes de plus en plus profondément mondialisés.

La standardisation d'une politique RH trouve ses limites lorsqu'elle doit s'appliquer à la fois au travailleur camerounais, au salarié allemand, ou encore au Japon ou en Australie.

Il en est de même des nouvelles formes d'organisation : où s'arrête la responsabilité de l'entreprise quand elle travaille de plus en plus en réseau, avec des sous-traitants qui travaillent « en plateau » sur ses sites mêmes de production, ou avec des intérimaires qui ne mettent jamais le pied dans la structure qui officiellement paye leur salaire ?

Enfin, la question des externalités pose également de réelles difficultés. Ces coûts ne sont que rarement pris en compte dans les retours sur investissement parce qu'ils concernent des conséquences environnementales « extérieures » à l'entreprise. Bien sûr, la construction à Toulouse de l'A380 développe l'emploi, cependant, l'élargissement du réseau routier associé à l'opération multiplie du même coup les parties prenantes. Le facteur humain est donc de plus en plus à considérer dans une vision de l'entreprise élargie.

6.2.2 Des freins inattendus

Nous l'avons dit, le DRHD n'est pas encore passé dans les faits, pas complètement du moins, pas plus d'ailleurs que le développement durable.

Force est de constater que des coups de frein particulièrement puissants proviennent des managers eux-mêmes, surtout des managers opérationnels chargés de traduire en actions les injonctions souvent pléthoriques et paradoxales des directions des sièges sociaux.

En résultent des priorités floues, un manque de motivation et une perte de crédibilité du DD. En effet, le manager opérationnel mesurera toute la difficulté de contribuer aux différents objectifs quantitatifs, préalablement définis, et aux objectifs qualitatifs de développement durable, surajoutés.

6.2.3 Pour une approche intégrative

La plupart des auteurs insistent sur ce point : le DD des RH n'est pas le cumul d'un morceau d'éthique, d'un brin de long terme et d'engagements socialement responsables. Il ne s'agit pas d'additionner ces éléments, mais de réussir à les intégrer, *a fortiori* dans une approche globale.

Quand on s'adresse à l'individu, la différenciation des enjeux n'a pas de sens : position financière, dimension sociale et psychologique, environnement matériel, tout cela ne fait qu'un. Cette approche intégrative est un des facteurs de succès du DRHD.

6.2.4 Pour des approches moins conceptuelles

Il ne s'agit certainement pas de bannir toute approche intellectuelle du DRHD, mais un certain nombre d'artifices qui nuisent à sa crédibilité. La vision DRHD ne renvoie pas non plus à un processus magique, ou à des pratiques ésotériques ! Pour éviter ces travers, nous préconisons une approche pragmatique, opérationnelle, qui s'appuie sur des initiatives « locales », par opposition à une approche plus technocratique, imposée par la direction, vue « de haut ». En effet, un frein très fort au développement du DRHD réside dans la méfiance et le manque d'adhésion que bien des projets de la direction inspirent.

Cette approche du « bas » vers le « haut » encouragera avantageusement les embryons de projets qui naissent en permanence au sein d'une organisation, et qui bénéficient régulièrement d'un *a priori* positif des autres collaborateurs.

Dès lors, les freins classiques seront levés :

- absence d'objectifs partagés ;
- absence d'espace pour l'initiative individuelle ;
- manque de réalisme quant aux obstacles à franchir ;
- absence d'objectifs intermédiaires ;
- absence de contrepartie aux efforts ;
- manque de lien avec le passé ;
- absence de consolidation des progrès ;
- *reporting* inadapté.

6.2.5 La question du *reporting*

En matière de développement durable, le *reporting* vient en complément d'une analyse purement financière, en éclairant les Facteurs clés de succès (FCS) et en permettant une meilleure compréhension de l'environnement de l'entreprise.

Les *reportings* sont essentiellement tournés vers des critères qualitatifs. Or, pour être déterminants, nous pensons qu'ils doivent aussi devenir des indicateurs de performance quantifiables, utilisables dans les analyses financières.

Ces critères ne sont pas inédits. Des éléments comme le turn-over, le pourcentage de masse salariale consacré à la formation ou la stabilité des contrats de travail (rapport CDD/CDI par exemple) peuvent servir de points de repère parmi d'autres.

6.2.6 Le formalisme du *reporting*

Selon nous, pour être efficaces, les rapports liés au DRHD devraient présenter cinq qualités :

- La lisibilité : Un des meilleurs moyens de garantir la lisibilité d'un *reporting* est d'associer les destinataires du rapport à son élaboration. Leur implication sera un élément de motivation et de sensibilisation au contenu. Il en résultera une attitude précocement favorable.
- La neutralité : L'honnêteté intellectuelle est une des qualités du rapporteur. Elle garantit sa neutralité dans son rapport des faits et des relations entre ces faits. La conclusion est laissée à l'appréciation personnelle des parties intéressées. Chacun se forge sa propre opinion. Les résultats négatifs n'ont pas moins de valeur que les raisons de satisfaction dans la mesure où ils indiquent des marges de progrès.
- L'exhaustivité : La précision des faits au travers d'éléments chiffrés est ce que l'on attend d'un *reporting*. Ces informations de base doivent être d'un accès facile et d'une valeur indubitable. Les éléments tronqués, qui passeraient sous silence des faiblesses reconnues, sont à proscrire absolument. Dans le cas contraire, au-delà du manque de crédibilité qui s'en suivrait, c'est la confiance dans la démarche dans son ensemble qui serait ébranlée. D'un *reporting* on attend également des précisions sur la méthode utilisée pour collecter les informations et les mettre en perspective. Il faut que la démarche soit publique et compréhensible par tous. Au-delà même de la méthode, c'est le périmètre d'étude qui doit être défini et stable.

- La force comparative : Il s'agit de comparer la progression de son entreprise dans la poursuite du développement durable des RH à celle des autres organisations. Les informations fournies sont donc suffisamment universelles pour permettre la comparaison entre les entreprises. Elles sont également pertinentes et claires par rapport au public interne. Enfin, la force comparative du *reporting* dépend de la régularité des informations disponibles.
- La régularité : Les critères de comparaison, relevés à intervalle régulier, sur une période relativement longue, révèlent le fonctionnement de l'entreprise, y compris ses rituels. Pourcentages et ratios présentent, eux aussi, un intérêt par rapport à de simples valeurs absolues, qui rendent plus difficiles les analyses dans des contextes différents. En revanche, seule la valeur absolue des performances permet de situer l'effort et les résultats des opérations en tant que tels. En ce sens, les valeurs absolues sont des éléments décisifs pour évaluer des seuils d'investissement.

6.2.7 Démarche développement durable et rentabilité économique

La rentabilité économique est à la fois la première condition de réussite et le premier type de freins liés au progrès des pratiques de développement durable.

Dans un système capitaliste, le profit est un devoir, une condition sans laquelle l'organisation concernée perd son caractère durable. Le DRH doit donc veiller à ce que le mode de management intègre cette contrainte et qu'une partie des coûts générés dans l'entreprise par l'option DD soit supportée par les clients. Dans un groupe comme Monoprix, ils sont évalués à 6 % au plus.

Peut-on concilier développement durable et nécessité de croissance ?

Dans nombre d'organisations, les DRH auraient envie de « calmer le jeu », de stabiliser les organisations, de donner plus de temps à la maturation des fonctionnements. Or, les impératifs économiques demeurent, avec leurs principes : le repli sur soi n'est pas créateur de valeur durable ! Il faut bouger, créer des effets de levier et de la croissance. Quelle place accorde-t-on à l'éthique du développement durable ? Les DRH sont tiraillés entre deux logiques : l'une centrée sur la productivité, l'autre centrée sur la motivation des personnes. L'une et l'autre ne sont pas facilement convergentes.

Conclusion

Le développement durable est l'affaire de tous. La société, l'entreprise, l'individu sont coresponsables de l'avenir de la planète et des générations futures. Chacun doit comprendre l'interdépendance des objectifs et des priorités et mesurer les conséquences de ses actes. Il est inutile, par exemple, de focaliser les ressources de l'organisation sur le commerce équitable si, dans l'entreprise, les salariés souffrent de la précarité de l'emploi. Les objectifs généraux du développement durable doivent trouver leurs fondements dans la vie quotidienne des intéressés. C'est ainsi que le développement durable peut obtenir ses lettres de noblesse sur le plan social. Cela se traduit non seulement par des engagements de toutes les parties prenantes, mais aussi par des actions très concrètes de partage des résultats. Cela s'exprime encore par la reconnaissance de la qualité de l'expérience professionnelle et par l'encouragement de toute initiative entrepreneuriale.

L'intrapreneuriat – la capacité des personnes à développer des projets de valeur à l'intérieur de l'organisation – est un moment clé de ce que nous appelons le « développement des ressources humaines durables ». Élaborée au sein même de l'entreprise, la charte DRHD guide l'ensemble de la collectivité. Ses répercussions à l'intérieur et à l'extérieur de l'entreprise donnent naissance à une forme d'*affectio societatis* révélatrice de la prise de conscience du rôle de chacun dans l'équilibre de tous.

Le DRH en charge de la mise en œuvre du DRHD est garant de ces exigences comme il est aussi garant de l'équilibre des engagements respectifs. Il s'agit là d'un rôle clé : enjeux individuels et collectifs sont indissociables.

Toutefois, dans la pratique, l'application du DRHD relève souvent d'injonctions paradoxales. Généralement imposés par la hiérarchie, les projets de développement durable laissent peu de place à l'initiative personnelle. Par ailleurs, en période de crise économique, l'emploi est une ressource rare ; le développement personnel n'est pas une priorité, quelle que soit la taille de l'entreprise. Or, quand elles perdent un collaborateur, les entreprises constatent, à travers le poids de son absence, la valeur de sa contribution. Dans des entreprises de taille moyenne ou réduite, les apports individuels sont encore plus sensibles que dans les grandes entreprises.

Le DRHD préconise une vision globale, qui prend en considération l'intérêt de tous, non seulement sur le court terme mais aussi à l'échelle générationnelle. Le DRHD est à la recherche d'un développement harmonieux, et donc durable, du patrimoine social et humain. Une nouvelle forme de « contrat social » ?

Bibliographie

ARGYRIS, Chris, *Savoir pour agir,* Paris, Dunod, 2003.

AXELORD, Robert, *Comment réussir dans un monde d'égoïstes,* Basik Books, 1984.

BELET, Daniel, *Devenir une vraie entreprise apprenante : les meilleures pratiques,* Paris, Les Éditions d'Organisation, 2002.

CAPRA, Frijof, *Le Tao de la physique,* Paris, Éditions Sand, 1985.

CHAUVEAU, Alain et D'HUMIÈRES, Patrick, *Les Pionniers de l'entreprise responsable,* Paris, Éditions d'Organisation, juin 2001.

DE GEUS Arie, *La Pérennité des entreprises,* Paris, Éditions Maxima, 1997.

FÉRONE, D'ARCIMOLES, BELLO, SASSENOU, *Le Développement Durable,* Paris, Éditions d'Organisation, 2002.

GÉLINIER, SIMON, BILLARD, MULLER, *Développement Durable : pour une entreprise compétitive et responsable,* Paris, Éditions ESF, 2002.

HBR, *Le Knowledge Management,* Paris, Éditions d'Organisation, 1999.

HIGY-LANG, Chantal et GELLEMAN, Charles, *L'Art du contact,* Paris, Les Éditions d'Organisation, 2003.

KAROLEWICZ, Francis, *L'Expérience : un potentiel pour apprendre,* Paris, Éditions de L'Harmattan, 2000.

KNOWLES, M., *L'Apprenant adulte,* Paris, Éditions d'Organisation, 1990.

LAVILLE, Elisabeth, *L'entreprise verte,* Paris, Éditions Village Mondial, 2002.

OECK, R.,Von, *Créatif de choc,* Paris, Éditions Businessman/First, 1989.

ŒUVRE COLLECTIVE, *Organizational Learning Capability,* Oxford University Press, 1999.

ORSE, *Dévelopement Durable et entreprises : Un défi pour les Managers,* Saint Denis La Plaine, AFNOR, 2003.

SALMON Robert, DE LINARES Yolaine, *L'intelligence collective,* Paris, Éditions Economica, 1997.

SCHÖN, D., A., *Le Praticien réflexif,* Montréal, Les Éditions Logiques, 1994.

SENGE, P., *La Cinquième discipline,* Paris, Éditions First, 1991.

STEPHANY, Didier, *Développement durable et performance de l'entreprise,* Paris, Liaisons Sociales.

TROCMÉ-FABRE, Hélène, *J'apprends donc je suis,* Paris, Éditions d'Organisation, 1994 ; *Réinventer le métier d'apprendre,* Paris, Éditions d'Organisation, 1999.

WHEATLEY, Magaret, *Leadership and The New Science,* Éditions Berret-Koehler, 1999.

Site internet ayant nourri la réflexion : www.novethic.fr

Annexes

Lexique décalé et non durable

Chaque terme véhicule ses propres représentations. Nous avons voulu exprimer dans ce lexique décalé un humour assez représentatif de ce qui peut circuler dans le conscient collectif et parfois dans certaines pratiques.

Toute similitude avec des entreprises et des personnes existantes serait purement fortuite et involontaire.

ALTER MANAGER : Manager qui prend du recul face aux pressions du quotidien, sans pour autant changer sa manière d'agir.

APPAUVRISSEMENT : Fruit indésirable de l'impôt sur la fortune.

BIODÉGRADABLE : Proposer des produits et des services inutilisables dès leur achat.

BIODIVERSITÉ : Intégrer les femmes, les handicapés, les vieux et, accessoirement, les étrangers, pour participer activement à la discrimination positive.

CONSOMMATION : Scier la branche sur laquelle nous sommes assis.

DÉCHET : Mise au placard.

DÉLOCALISATION : Licencier son personnel pour lui offrir des produits moins chers.

DESTRUCTION : Organiser la faillite de son entreprise pour offrir des primes de remerciement à ses salariés.

DISCRIMINATION POSITIVE : Lutter contre le sexisme et le racisme en respectant les obligations légales de quotas plutôt que choisir compétence et motivation.

DRHD : Développer durablement ses salariés pour les faire travailler le plus longtemps possible.

DURABLE : Maintenir le plus longtemps possible ses acquis et ses résultats, sans s'épuiser au travail.

ÉCOCONCEPTION : Demander à ses fournisseurs et prestataires d'intégrer à leurs frais du développement durable dans leurs produits et services.

ÉCOMANAGER : Manager qui économise ses ressources.

ÉCOCOLLABORATEUR : Économiser ses ressources pour que son responsable hiérarchique soit un bon écomanager.

ÉCO-EFFICACITÉ : Gagner plus en utilisant moins d'écocollaborateurs.

ÉNERGIE NOUVELLE : Motiver les nouvelles générations à remplacer les quinquas pour faire plus. Et payer moins.

ÉCOSYSTÈME : Gérer les interactions entre les différentes parties prenantes de manière à préserver leurs contradictions.

ÉQUITABLE : Répartir les ressources en fonction des besoins de chacun, selon la bonne règle des 20/80.

ÉTHIQUE : Alerter la conscience des autres pour se donner bonne conscience.

HUMANISME : Licencier ses salariés quand tout va bien pour leur éviter le traumatisme d'une faillite si tout allait mal.

MALADIES NÉGLIGÉES : Minimiser le taux de maladie de ses salariés, pour garder le moral des parties prenantes.

MUTUALISME : Accroître ses richesses pour acheter ses concurrents.

PARTAGE : Charité bien ordonnée commence par soi-même.

PARTIE PRENANTE : Les uns ont des droits, les autres des devoirs.

PATERNALISME : Traiter ses salariés avec humanité tout en leur pressant le citron.

PLAN SAUVEGARDE POUR L'EMPLOI : Licencier pour sauver les emplois.

POLLUTION : Valoriser le stress, la démotivation, les jeux de pouvoir, et sauver l'entreprise avec un plan social d'entreprise.

PRÉSERVATION : Défendre ses acquis pour préserver les générations futures.

RECYCLAGE : Faire du vide avec les vieux et du vieux avec les jeunes.

RESPONSABILITÉ INDIVIDUELLE : Savoir défendre ses privilèges.

RESPONSABILITÉ COLLECTIVE : Se tromper ensemble pour éviter d'avoir raison tout seul.

RESSOURCES : Utiliser celles des autres au mieux de ses intérêts.

RESPONSABILITÉ SOCIALE DES ENTREPRISES : Provisionner le futur plan de sauvegarde de l'emploi.

SOLIDARITÉ : Se serrer les coudes entre pairs.

TOP MANAGER : Presser le citron de ses collaborateurs tout en préservant la fraîcheur de leur jus.

TRANSFORMATION : Faire d'un collaborateur confirmé un collaborateur obsolète.

Évaluer votre potentiel DRHD

Le questionnaire ci-dessous est en ligne sur internet. Il peut vous aider à vous positionner sur les différents thèmes du DRHD et à déterminer des axes de développement pour votre entreprise.

Vous pouvez directement saisir vos réponses :
www.isiquest.com/vote

*Login : **rylihowo***
*Mot de passe : **mivinove***

Vous pourrez également visualiser les résultats de tous les votants :
www.isiquest.com/visu

*Login : **sediwuto***
*Mot de passe : **francis***

Puis cliquez sur l'icône rouge. Ensuite, avec la barre gauche de votre écran vous pouvez réaliser des tris et visualiser les résultats en cliquant sur valider.

Dans une dynamique constructive de *benchmarking* et d'état des lieux des entreprises au regard du DRHD, nous invitons nos lecteurs à remplir en ligne ce questionnaire. Plus il y aura de votants, plus les résultats, accessibles à tous, seront pertinents.

Question 1

Votre entreprise est-elle engagée dans le développement durable ?

☐	OUI
☐	NON

Question 2

Sur quel(s) pôles(s) de DD votre entreprise est-elle engagée ?

☐	Environnemental
☐	Sociétal
☐	Clients
☐	Fournisseurs
☐	Salariés
☐	Actionnaires
☐	Aucun

Question 3

Votre entreprise a-t-elle adhéré à une charte sur le DD et/ou écrit sa propre charte sur le sujet ?

☐	OUI
☐	NON

Question 4

Votre entreprise est-elle cotée dans un fonds éthique ?

☐	OUI
☐	NON

Question 5

Quel est votre fonction au sein de votre entreprise ?

☐	Dirigeant
☐	DRH
☐	Responsable DD
☐	Responsable formation
☐	Responsable qualité
☐	Manager opérationnel
☐	Représentant syndical
☐	Autre

Question 6

Estimez-vous que le DRH :	Pas d'accord	Peu d'accord	D'accord	Tout à fait d'accord
Coûte cher				
Doit être accompagné et soutenu par la législation				
Implique des outils de mesure et de suivi				
Nécessite une implication de tous les acteurs				
Est un moyen de fidéliser le client par une meilleure motivation des salariés				
Augmente la satisfaction des clients				
Diminue le nombre de démissions				
Ne peut pas se mettre en place sans l'accord des syndicats				
Est une source d'amélioration des indicateurs économiques et/ou financiers				
Augmente le nombre de candidatures spontanées				
Permet aux salariés de travailler plus harmonieusement ensemble				

Question 7

Évaluez la performance de votre entreprise, en lui attribuant une note de 0 à 10 :

	0	1	2	3	4	5	6	7	8	9	10
Intégrer progressivement les entrants											
Participer activement à l'intégration et à la formation des jeunes											
Participer à l'intégration de personnes handicapées											
Actualiser en permanence les compétences internes											
Pratiquer une gestion responsable et équitable des emplois et des carrières											
Faire preuve de souplesse dans l'organisation du travail											
Prendre en compte les aspirations individuelles											

Soutenir les salariés en difficulté											
Valoriser la richesse intérieure											
Reconnaître le travail individuel et collectif											
Pratiquer une rémunération équitable des emplois											
Partager son expérience											

Question 9

Dans quel cadre de votre politique d'intégration positionnez votre entreprise sur les items suivants :	Opérationnel	À améliorer	En projet	Pas envisagé	Pas possible
Chaque embauché a, pendant ses trois premiers mois, un tuteur référent					
Chaque embauché a un gestionnaire RH dédié					
L'entreprise est un partenaire actif des centres de formation d'apprentis					
La priorité d'embauche est donnée aux jeunes formés par l'entreprise					
L'entreprise embauche régulièrement des personnes handicapées					
L'entreprise adapte ses postes de travail à leur handicap					

Question 10

Dans le cadre de votre politique de formation et de gestion responsable et équitable des carrières, positionnez votre entreprise sur les items suivants :	Opérationnel	À améliorer	En projet	Pas envisagé	Pas possible
L'entreprise s'assure de l'employabilité cognitive de ses salariés de faible qualification					
L'entreprise met tout en œuvre pour maintenir l'employabilité de compétences de ses salariés					
L'entreprise favorise la validation des acquis					
Chaque salarié a un gestionnaire de carrière qu'il voit une fois tous les deux ans					

À compétence équivalente, la candidature interne est privilégiée					
Les femmes ont le même accès aux postes à responsabilité que les hommes					
Une gestion spécifique est prévue pour les plus de 45 ans					
L'expérience et la compétence sont valorisées au même titre que le diplôme					
Une communication transparente est pratiquée sur les évolutions internes de l'emploi					

Question 11

Dans le cadre de la prise en compte des aspirations individuelles, quelle est la pratique de votre entreprise ?	Opérationnel	À améliorer	En projet	Pas envisagé	Pas possible
L'entreprise favorise le congé solidaire					
L'entreprise sert de portage à des projets de création d'entreprise					
L'entreprise facilite l'accès aux bilans de formation, congé sabbatique, CIF…					
L'entreprise pratique le mécénat et le sponsoring interne					

Question 12

Dans le cadre de la solidarité aux salariés, comment l'entreprise se positionne-t-elle ?	Opérationnel	À améliorer	En projet	Pas envisagé	Pas possible
L'entreprise met en place un numéro vert confidentiel pour que les salariés puissent s'informer sur des aspects sociaux, juridiques…					
L'entreprise s'appuie sur une cellule psychologique pour faire face à des situations de crise, de violence interne, d'accidents graves…					

L'entreprise informe ses salariés sur la dangerosité de l'alcool, du tabac, des drogues…					
L'entreprise ne licencie pas un collaborateur en situation de détresse personnelle					

Question 13

Dans le cadre de la valorisation du potentiel de vos collaborateurs, comment votre entreprise se positionne-t-elle ?	Opérationnel	À améliorer	En projet	Pas envisagé	Pas possible
L'entreprise a un système pour remonter les bonnes idées du personnel					
L'entreprise réalise une capitalisation des bonnes pratiques et les diffuse en interne					
Le management favorise l'autonomie et l'expérimentation					
L'entreprise reconnaît et valorise les meilleures idées					

Question 14

Dans le cadre de votre pratique de la rémunération équitable et du partage équitable des résultats, comment votre entreprise se positionne sur les items suivants ?	Opérationnel	À améliorer	En projet	Pas envisagé	Pas possible
L'entreprise réalise un suivi strict sur sa politique de rémunération					
L'entreprise a déterminé, par métier, une fourchette haute et basse des rémunérations pratiquées					
L'entreprise a une politique de remise à niveau des salaires les plus bas					
L'entreprise harmonise le mode de calcul des primes variables					
L'entreprise communique en interne sur la rémunération de ses dirigeants					
L'entreprise a mis en place un PEE					
L'entreprise a une politique de stock-options pour tous ses salariés					

L'entreprise verse des primes exceptionnelles en fonction du résultat					
L'entreprise provisionne annuellement pour anticiper une situation de crise					
L'entreprise a une communication transparente sur les résultats					

Question 15

Dans le cadre de la gestion des départs, comment votre entreprise se positionne-t-elle ?	Opérationnel	À améliorer	En projet	Pas envisagé	Pas possible
Un séminaire de départ à la retraite est proposé dans l'année qui précède le départ					
L'entreprise a mis en place un système de transfert des connaissances des futurs retraités					
Les plus de 60 ans peuvent rester jusqu'à 65 ans					
Une flexibilité du temps de travail est mise en place pour les plus de 55 ans					

Question 16

Qu'est-ce qui peut aider le DRHD au sein de votre entreprise – en termes d'enjeux, de culture, de valeurs, d'hommes, de moyens, de process… ?

Question 17

Qu'est-ce qui peut freiner le DRHD au sein de votre entreprise – en termes d'enjeux, de culture, de valeurs, d'hommes, de moyens, de process… ?

www.ingramcontent.com/pod-product-compliance
Lightning Source LLC
Chambersburg PA
CBHW061156220326
41599CB00025B/4498
* 9 7 8 2 7 0 8 1 3 3 3 4 1 *